Das neue Kochbuch für

Diabetiker

Landenberger · Schütz · Wendler

Das neue Kochbuch für Diabetiker

Köstliche Gerichte für alle Tage Über 200 Rezepte

Seehamer Verlag

Genehmigte Sonderausgabe 1996 für
Seehamer Verlag GmbH, Weyarn
Titelgestaltung: Bine Cordes,Weyarn
Titelfoto: Peter Kölln, Köllnflockenwerke
Printed in Austria
ISBN 3-929626-87-X

INHALT

Vorwort von Prof. Dr. med. A. Teuscher 7
Grundlagen der Diabetes-Diät 11
Menüvorschläge 18
Was essen Diabetiker im Restaurant? 31
Bei Hungergefühl 33
Ernährung bei Krankheiten 34
Spezialprodukte für Diabetiker 37
Tiefkühlprodukte 43
Zubereitung der Diabetes-Kost (für Anfänger) . . . 45
Die Nährwertangaben in den Rezepten 48
Suppen und Vorspeisen 50
Salate 65
Fleisch- und Geflügelgerichte 73
Fischgerichte 95
Kleine Zwischengerichte und Beilagen 99
Gemüsegerichte 119
Desserts 130
Bäckereien 151
Konfitüre 182
Rezeptregister nach Sachgruppen 185
Alphabetisches Rezeptregister 188

Abkürzungen:

g	= Gramm	KH	= Kohlenhydrate
kg	= Kilogramm	E	= Eiweiß
l	= Liter	F	= Fett
TL	= Teelöffel	BE	= Broteinheit
EL	= Eßlöffel	D	= Deutschland
Msp	= Messerspitze	CH	= Schweiz

Für alle Rezepte wurden genaue Nährwertangaben (Kohlenhydrate, Eiweiß, Fett, Broteinheiten, Joule, Kalorien) erstellt.
Für die Schweiz wurden die dort üblichen Brotwerte (BW), Gemüsewerte (GW), Fettwerte (FW), Obstwerte (OW), Milchwerte (MW) und Eiweißwerte (EW) angegeben. Die mit * versehenen Fettwerte sind inklusive verstecktes Fett.

Die Nährstoffe wurden nach Souci/Bosch, 1982, errechnet, vereinzelt nach Cremer, 1987.

Viele der hier vorliegenden Rezepte stammen aus Kochkursen, die in Zusammenarbeit mit Diät-Köchinnen und -Köchen durchgeführt wurden.

Vorwort

Den drei Autorinnen, die auf eine jahrzehntelange Tätigkeit in der Ernährungsberatung am Inselspital in Bern zurückblicken, ist es gelungen, eine außerordentlich reiche Rezeptsammlung für Diabetiker zu schaffen. Dieses Rezeptbuch stellt einen Meilenstein in der Ernährungsberatung dar, weil es nicht nur technisches Küchenwissen, sondern praktische Erfahrung in der Beratung von Menschen mit Diabetes enthält. Wenn Sie lernen müssen, mit dieser Krankheit zu leben und Diabetes-Komplikationen verhüten wollen, muß die Ernährung als wesentlicher Therapiebestandteil in den Behandlungsplan eingebaut werden: Mit und ohne Insulin, mit und ohne blutzuckersenkende Tabletten — in jedem Fall spielt die Ernährungsweise eine wichtige Rolle in der Diabetes-Therapie. Im Laufe der Jahrzehnte hat sich die Diabetes-Diät immer mehr zu einer »gesunden Ernährung für alle«, auch für Nicht-Diabetiker entwickelt. Ursprünglich galt als einzige Regel: Kein Zucker. Das hat sich aber inzwischen geändert, und die Ernährungsempfehlungen für Zuckerkranke sind umfangreicher geworden. Sie schließen neben dem Problem der Quantität und der Qualität der Kohlenhydrate die Menge und Herkunft der Fette ein, und auch die Eiweiße tierischer Herkunft werden wegen des zum Teil beträchtlichen Fettgehaltes eingeschränkt. Die heutige wissenschaftliche Ernährungslehre stellt folgende Forderungen an eine die Gesundheit erhaltende Nahrungszusammensetzung auf:

Viele Kohlenhydrate, aber wenig raffinierter Zucker, Zuckerarten und Zuckeraustauschstoffe (weitgehend von der Industrie aus Rohprodukten verarbeitet), dafür *reich an komplexen und nahrungsfaserreichen Kohlenhydraten,* die als Naturprodukt in die Küche kommen. Diese lassen den Blutzucker trotz erhöhtem Kohlenhydrat-Anteil der Ernährung (50 % oder mehr der täglichen Energie) weniger rasch ansteigen, weil die Resorption der im Darm abgebauten kleinen Zuckerbestandteile langsamer erfolgt. In der Praxis lautet die Anweisung: viele Vollkornprodukte, Hülsenfrüchte, Gemüse, Früchte.

Wenig Fette, besonders wenig »gesättigte« und dafür *mehr »hochungesättigte« Fettsäuren* enthaltende. Erstere sind mehr tierischer, letztere pflanzlicher Herkunft. In der Praxis heißt dies, wieder die natürlichen und besonders die pflanzlichen Öle und Fette verwenden, jedoch sparsam, damit ihr Anteil an der Gesamternährung möglichst gering bleibt (30 % oder weniger). Fett verursacht keinen Blutzucker, Fett liefert Energie oder wird — im Überschuß — zu Fettgewebe. Aber durch Fettverlust (Gewichtsabnahme) wird bei Übergewichtigen der Blutzuckerspiegel gesenkt. Die Arteriosklerose, beim Diabetiker früher und stärker auftretend, führt in schweren Fällen zu Herzinfarkt, Hirnschlag und Gangrän im Bereich der unteren Extremitäten. Um dem entgegenzuwirken, soll bei Diabetes von Anfang an das Prinzip der fettarmen Ernährung eingesetzt werden. Ein großer Anteil der Bevölkerung in der westlichen Welt verträgt die heute vor allem durch die industrielle Nahrungsmittel-Herstellung üblichen Fettmengen nicht mehr, und es kommt zur Gefäßerkrankung. Mit großer Wahrscheinlichkeit spielt der mit der fettreichen Ernährung zusammenhängende Cholesterinanstieg im Blut eine wichtige Rolle.

Mäßig Eiweiß (20 % oder weniger Energieanteil), das im Körper zu Energie umgewandelt wird. Da Eiweiß oft Träger von tierischen Fetten ist, sollte man auch den Verbrauch von Fleisch einschränken, während Fisch-Öle wegen ihres Gehaltes an EPA- und DHA-Fettsäuren* empfehlenswert sind, da sie Herzinfarkten vorbeugen können, wenn sie mindestens zweimal pro Woche verzehrt werden. Pflanzliches Eiweiß, das in Brot, Kartoffeln, Trockenbohnen und Getreide enthalten ist, enthält praktisch kein Fett.

Die kalorienarme Ernährung wird immer noch stark propagiert. Kalorien aus tierischen Produkten (Fleisch und besonders Würste), aber auch raffinierte Kohlenhydrate (Zucker und Zuckerarten) sind sehr kalorienreich. Bei alkoholhaltigen Getränken wie Bier, Wein und Spirituosen ergibt 1 Gramm Alkohol 7 Kalorien Energie. Eine Halbliter-Flasche Bier hat demnach einschließlich Malzzukker 230 Kalorien, eine Flasche Rotwein (0,7 Liter) 550 Kalorien und 1 Deziliter Weinbrand 243 Kalorien. Die kalorienarme Ernährung hat in der Diabetes-Diät eine große Bedeutung, da 80 % der Diabetiker übergewichtig sind, und mit jedem Kilogramm Gewichtsabnahme der Blutzucker sinkt.

---

* *EPA-Fettsäuren:* Eicosapentaenoic acid; *DHA-Fettsäuren:* Docosahexaenoic acid. Sie werden auch als *Omega 3 Fettsäuren* bezeichnet und finden sich besonders im Salm und anderen Kaltwasserfischen.

Warum ist auch eine quantitative Einschränkung der Nahrung notwendig? Der Gehalt an Kohlenhydraten, Fett und Eiweiß kann pro Tag in Kalorien oder Joule errechnet werden. Man sollte jedoch auch bedenken, daß der Kalorienverbrauch, das heißt der Energieaufwand, von Mensch zu Mensch verschieden ist. Sehr häufig führen bei der weitverbreiteten Bewegungsarmut viele Kalorien zu Übergewicht. Diesem Umstand wurde in der vorliegenden Rezeptsammlung Rechnung getragen.

Das vorliegende Diätbuch enthebt den Diabetiker nicht vom Besuch des Arztes und der Beratung bei einem seinem persönlichen Bedürfnis entsprechenden Diätplan. Es ist die Aufgabe des Arztes, die Ernährung für den Diabetiker quantitativ und qualitativ festzusetzen. Diabetiker, die auf Insulin angewiesen sind, müssen kohlenhydrathaltige Haupt- und Zwischenmahlzeiten einhalten. Sie können diese aber jeweils — je nach Blutzuckerhöhe (Hyper-Glykämie) — reduzieren oder bei zu niedrigem Blutzuckerspiegel (Hypo-Glykämie) erhöhen. Diabetiker mit Übergewicht dürfen weniger essen, solange ihr Blutzucker nicht zu tief abfällt. Es ist äußerst wichtig, für jeden Diabetes-Typ eine spezielle Diät auszuarbeiten.
Gesunde oder lediglich diabetes-gefährdete Menschen können die hier angebotenen Ernährungsvorschläge ebenso einhalten, nur der Stoffwechsel sollte hinsichtlich Blutzucker und Blutfette normal reguliert sein.

Allen Diabetikern und Nicht-Diabetikern wünsche ich einen guten Appetit für eine gesunde Mahlzeit.

Prof. Dr. med. A. Teuscher, Bern
Bern,

Grundlagen der Diabetes-Diät

Die moderne Diabetes-Diät erfordert nicht unzumutbare Opfer. Sie unterscheidet sich von der Normalkost einzig darin,

- daß gewisse Nahrungsmittel weggelassen werden
- daß die Nährstoffmengen vom Arzt festgelegt und jedem Diabetiker speziell angepaßt sind.

Der Ernährungsplan enthält 6 Mahlzeiten pro Tag (bei Kindern eventuell eine oder zwei mehr): Frühstück, Zwischenmahlzeit, Mittagessen, Zwischenmahlzeit, Abend essen, Spätimbiß. Die Einhaltung dieser Regel ist von grundsätzlicher Bedeutung. Sie gewährleistet eine bessere Einstellung des Diabetes und beugt Unterzuckerung vor.

Die Nahrungsmittel müssen entsprechend der vom Arzt verordneten Diät (nach Diabetes-Schema) abgewogen werden.

Für die Diät benötigen Sie

- guten Willen
- eine Diätverordnung vom Arzt
- eine Nahrungsmittelaustauschtabelle

- eine genaue Waage
- einige Kenntnisse über die Zusammensetzung der Nahrungsmittel.

Die Zusammensetzung der Nahrungsmittel

Unsere Nahrungsmittel enthalten die *Hauptnährstoffe*

- Kohlenhydrate
- Eiweiß
- Fette

sowie die lebensnotwendigen Vitamine, Mineralstoffe, Spurenelemente und Ballaststoffe (Nahrungsfasern).
Die Hauptnährstoffe liefern uns Energie. Diese wird in Kilojoule beziehungsweise Kalorien ausgedrückt.

1 g Kohlenhydrate (KH)	= 17,2 kJ (Kilojoule)/ 4,1 Kal. (Kalorien)
1 g Eiweiß (E)	= 17,2 kJ/4,1 Kal.
1 g Fett (F)	= 38,9 kJ/9,3 Kal.

Die Kohlenhydrate

Sie umfassen Stärke und Zucker und sind hauptsächlich enthalten in Brot, Kartoffeln, Teigwaren, Reis, Mehl, Hülsenfrüchten, Obst, Gemüse und Milch.
Für Diabetiker sind davon nicht erlaubt: Reine Zuckerarten wie Haushaltszucker, Rohzucker, Kandiszucker, Traubenzucker sowie alle mit diesen Zuckern gesüßten Nahrungsmittel und Getränke.
Die erlaubten Kohlenhydrate werden auf verschiedene Weise vom Körper verwertet. Sie werden in der Schweiz deshalb in verschiedene Gruppen eingeteilt: in Brotwerte (BW), Gemüsewerte (GW), Obstwerte (OW) und Milch-

werte (MW). *Jeder dieser »Werte« liefert 10 g Kohlenhydrate.* Zu den Brotwerten gehören außer Brot auch die Kartoffeln, Getreideprodukte und Hülsenfrüchte (Linsen, getrocknete Erbsen, Bohnenkerne).
In Deutschland werden die Kohlenhydrate mit »Broteinheiten« (BE) bezeichnet. Sie umfassen Brot, Getreideprodukte, Kartoffeln, Hülsenfrüchte, Milch- und Milchprodukte, Obst und einige kohlenhydratreiche Gemüse.
1 Broteinheit entspricht *12 g Kohlenhydraten.*
Auch die Zuckeraustauschstoffe Sorbit (Sorbida, Sorbitol, Sionon), Fruchtzucker (Laevulose, Fructose) und Xylit sind in der Diät als Kohlenhydrate mitzuberechnen. (Siehe Seite 37, Spezialprodukte).

- Die kohlenhydrathaltigen Nahrungsmittel müssen genau abgewogen werden!
- Auch dürfen sie nicht für andere Mahlzeiten »aufgehoben« werden.
- Ebenfalls sollen sie nicht weggelassen oder kleinere Mengen als verordnet verzehrt werden.

Die Eiweiße

Die Eiweiße sind vorwiegend enthalten in Fleisch, Fisch, Käse, Eiern und Soja, kommen aber auch in kleineren Mengen in Getreideprodukten, Kartoffeln, Gemüse und Obst vor.
Die tierischen Eiweiße werden in der Schweiz ebenfalls nach dem Wertesystem verordnet (*1 Eiweißwert* [EW] = *10 g Eiweiß*).
Man beachte, daß fast alle Eiweißträger auch viel Fett enthalten, deshalb sind magere Sorten zu bevorzugen (Magerkäse, fettarme Wurstwaren, mageres Fleisch). Übergewichtige Diabetiker müssen die Eiweißwerte abwie-

gen, normalgewichtige Diabetiker können vom Wiegen absehen. Sie sollten jedoch zumindest bei jeder Hauptmahlzeit eine Portion »Eiweiß« zu sich nehmen.

Die Fette

Die Fette umfassen das sogenannte *sichtbare* Fett: Butter, Margarine, Öl, Speck, Sahne sowie das sogenannte *unsichtbare* Fett. Dieses ist enthalten in Fleisch, Wurstwaren, Käse, Eiern, Nüssen und vielen sogenannten Diabetikerprodukten. (*1 Fettwert* [FW] = *10 g Fett* = 390 kJ/93 Kalorien).

Grundsätzlich sind die Fette sparsam zu verwenden. Übergewichtige Diabetiker müssen die Fettwerte genau abwiegen. Außerdem sollen sie magere Nahrungsmittel bevorzugen wie Magerfleisch, Magerfisch, Magerkäse, fettreduzierte Wurst.

Um bei der Zubereitung Fett zu sparen, empfehlen sich folgende Kochgeräte: Grillpfanne oder Pfanne mit Antihaftbeschichtung, Dampfkochtopf, Römertopf, Alu-Folie, Bratfolie.

Es wird empfohlen, die sichtbaren Fette in Form von *hochwertigen* Pflanzenölen und Pflanzenmargarinen (Sonnenblumen-, Distel-, Maiskeimöl, Sonnenblumenmargarine) zu verwenden.

Die Ballaststoffe/Nahrungsfasern

Von besonderer Bedeutung sind die Ballaststoffe (Pflanzenfasern und andere). Sie wirken sich günstig auf die Darmtätigkeit aus, und sie verleihen ein langanhaltendes Sättigungsgefühl. Für den Diabetiker sind die Ballaststoffe noch von zusätzlicher Bedeutung, da sie die Aufnahme

des Zuckers aus dem Darm verlangsamen und daher den Blutzuckerspiegel günstig beeinflussen. Deshalb soll der Diabetiker viel Ballaststoffe zu sich nehmen.
Die Ballaststoffe sind enthalten in allen Gemüsearten und Salaten, Hülsenfrüchten, Obst — besonders reichlich in Beeren — sowie im Vollkornbrot und Vollkornprodukten. In konzentrierter Form werden sie in der Weizenkleie angeboten, welche vielerlei Speisen beigemischt werden kann, ohne daß sie angerechnet werden muß.
Damit die Ballaststoffe ihre günstige Wirkung im Darm entfalten können, benötigen sie eine reichliche Flüssigkeitszufuhr. Dies gilt im besonderen beim Gebrauch von Kleie.

Vitamine, Mineralstoffe, Spurenelemente

Diese lebenswichtigen Stoffe sind in einer gut durchgeführten, ausgewogenen Diabetes-Diät genügend vorhanden, vorausgesetzt, daß bei der Zubereitung der Speisen möglichst wenig Verluste entstehen, und die Zusammenstellung des Tagesplanes nach den Richtlinien einer gesunden Ernährung erfolgt.
Also:
- Früchte, Gemüse und Salate täglich auch roh essen
- Gemüse und Kartoffeln bei der Zubereitung in *wenig* Wasser dünsten oder dämpfen
- Vollkornprodukte statt Weißmehlprodukte bevorzugen.

Sechs Mahlzeiten (nach Teuscher/Schertenleib/Riva)

Um eine gute Einstellung des Diabetes zu erzielen, ist es wichtig, die tägliche vom Arzt verordnete Nahrungsmenge in drei Haupt- und drei Zwischenmahlzeiten aufzuteilen. Dies verhindert stärkere Blutzuckerschwankungen.

Abwiegen der Nahrung

Der Diabetiker soll sich streng an die Diätvorschriften des Arztes halten. Zu Beginn ist es unerläßlich, daß die Nahrung abgewogen wird. Am besten eignet sich dafür eine Küchenwaage mit 5-, höchstens 10-Gramm-Einteilung oder eine Briefwaage. Mit der Erfahrung lernt der Zuckerkranke die erlaubten Mengen der verschiedenen Nahrungsmittel so gut abzuschätzen, daß sich ein regelmäßiges Abwiegen erübrigt. Bei Verschlechterung des Diabetes oder bei unerwünschter Gewichtszunahme müssen die Nahrungsmittel wieder abgewogen werden.

Ungeeignete Nahrungsmittel und Getränke

a) Alle Süßigkeiten wie Zucker, Schokolade, Bonbons, Hustenbonbons, Hustensirup, Malzextraktpräparate, Marzipan, Kekse, Torten, Konfekt, Konfitüre, Honig, Kunsthonig, Melasse, Sirup, mit Zuckerzusatz hergestellte Konserven (zum Beispiel Kompotte, mit Zuckerlösung eingefrorenes Obst, süß-sauer eingelegte Früchte oder Gemüse), kandierte Früchte, Dörrfrüchte, Speiseeis mit Zucker, Frühstücksgetränke mit Zukker oder Malzextrakt, gezuckerter Früchtejoghurt.
b) Bier, Sekt, Liköre, Süßweine, Süßmost, gesüßte Fruchtsäfte, Traubensaft, sämtliche mit Zucker gesüßte Tafelgetränke.
c) Saucen, die Mehl oder viel Fett enthalten.
   Fertiggerichte aus Dosen oder Alu-Schalen wie Ravioli, fertige Fleisch- und Fischgerichte.

Frei erlaubte Getränke

Kaffee (ohne Malzzusatz), Tee, Mineralwasser nature, Tafelwasser künstlich gesüßt (»light«), gelegentlich ein Glas naturreiner Wein (wenn es der Arzt erlaubt). Ein Kaffeelöffel ungesüßtes Kakaopulver in der Milch ist gestattet.

Menüvorschläge

Die nachfolgenden Menüvorschläge sollen dem Zuckerkranken als Anregung dienen, damit der Speisezettel Abwechslung bietet.
Die Menüs enthalten absichtlich keine Mengenangaben, da in der Regel jeder Diabetiker eine individuelle, vom Arzt verordnete Diätvorschrift besitzt. Entsprechend dieser Verordnung sollte jeder Diabetiker seine Kohlenhydrat-, Eiweiß- und Fettquantitäten selbst in die Menüs einsetzen.
Anstatt einer Suppe, die immer mit 5 g Kohlenhydraten berechnet ist, kann auch ein Gemüsesaft, ein Salat oder eine Vorspeise genommen werden; oder man kann diese 5 g KH zu den Broteinheiten/-werten der betreffenden Mahlzeit hinzuzählen.
Als Dessert wird in erster Linie Obst empfohlen. Die angegebenen Dessertrezepte können gelegentlich zur Abwechslung beitragen.

Menüs für alle vier Jahreszeiten

(Die mit * versehenen Gerichte finden Sie im Rezeptteil)

Eine Woche im Frühjahr:

Mittagessen	*Abendessen*
Gemüsesuppe* Geschnetzeltes Rindfleisch mit Pfifferlingen Gedünsteter Chicorée mit Käse* Spätzle aus dunklem Mehl* Endiviensalat Aprikosencreme*	Pfannkuchen* Rote Rüben-, Kresse- und grüner Salat Apfel
Gerstensuppe Rippchen mager Sauerkraut Salzkartoffeln Schwänchen*	Käseauflauf* Sellerie- und Radicchiosalat Orange
Pfannkuchensuppe* Truthahnschnitzel Schwarzwurzel-Tomatengemüse Vollkorngrieß-Schnitten* Gurken- und Eisbergsalat Rhabarberkompott, Grahambiskuits*	Bouillon mit KH-armem Gemüse oder kleiner Salatteller Apfelrösti* Vanillesauce*
Tomatensaft Rindfleischvogel Gedünsteter Wirsing Schalenkartoffeln Chicoréesalat mit Karottenstreifen Fruchtsalat*	Frischer Spargel Quarkmayonnaise* Rohschinken, Trockenfleisch Brot Erdbeeren oder Tiefkühlkompott
Geflügelcremesuppe (Königinsuppe)* Forelle blau Brokkoli Salzkartoffeln Radicchio-Salat Grießpudding*	Siedfleischsalat Bohnen- und grüner Salat Vollkornbrot Früchtejoghurt
Lauchsuppe Schinkenrollen gefüllt* Tomatensauce (ohne Mehl) Vollreis* Gourmetgemüse* Feldsalat Erdbeeren	Spanisches Omelett* Brot oder Kartoffeln Radieschen/Kressesalat Apfelmus
Bouillon mit Käseklößchen* Entrecôte vom Grill Fenchel gedünstet* Savoyarde-Kartoffeln* Grüner Salat Apfelsaft-Rum-Creme*	Hors d'œuvre-Teller: Thunfisch ohne Öl Hartei mit Senf Gefüllte Tomaten mit Kräuterquark Brot Roher Karotten- und Eisbergsalat Heidelbeerkompott (tiefgekühlt)

Eine Woche im Sommer:

Mittagessen	*Abendessen*
Karottensaft Gefüllte Tomaten* Schnittlauchkartoffeln Weißer Rettichsalat und Kopfsalat Birne	Gemüse-Kartoffel-Eintopf* Wiener Würstchen Blattsalat Pfirsich
Hühnerbouillon mit Gemüsestreifen Rindsschmorbraten Polenta* oder Buchweizen* Ratatouille* Grüner Salat Himbeeren	Früchtejoghurt Vollkornbrot Margarine oder Butter 1 Stück Magerkäse
Kleiner gemischter Salat mit Maiskörnern Geschnetzeltes Hühnchen* Kartoffelplätzchen* Gedünsteter Kohlrabi mit Petersilie Quarktorte mit Sauerkirschen*	Schinken-Champignons-Soufflé* Roher Rote-Rüben-Salat Kopfsalat Frühapfel
Minestrone* Kalbsbraten Frische Karotten gedünstet Kartoffelpüree Gurkensalat mit Dill Melone	Eierrösti* Griechischer Landsalat* Aprikosen
Grapefruitsaft Leberschnitte mit gebratenen Zwiebeln* Gedünstete Zucchini Gemüsereis Kopfsalat Erdbeereis*	Bunter Käsesalat* Vollkornbrot oder Schalenkartoffeln Blumenkohlsalat Obst oder Kompott
Geröstete Haferflockensuppe Spiegeleier Salzkartoffeln Spinat Blattsalat mit Peperoniwürfelchen Kirschen	Kalbshacksteak mit gebratenen Zwiebeln Kartoffelsalat* Tomatensalat Frische Ananas
Bouillon mit Grießklößchen* Fleischspießchen grilliert Berny-Kartoffeln* Erbsen mit Perlzwiebeln 1 gedünstete Tomate Pflücksalat Bavarois rubané*	Rauchfleisch, Halbfettkäse Gewürzgurken, Radieschen Brot Margarine oder Butter Diätjoghurt

Eine Woche im Herbst:

Mittagessen	*Abendessen*
Melonenschnitz Piccata* Trockenreis Gedünstete Kefen oder Knollensellerie Kopfsalat Brombeerquark	Pizza* Karotten-, Gurken- und grüner Salat Apfel
Braune Zwiebelsuppe* Saure Nieren* Kartoffelpüree Auberginen nach Mittelmeerart* Feldsalat Pflaumen	Kleine Hackbällchen Spinatpudding* Würfelkartoffeln Endiviensalat Melone
Kerbelcremesuppe legiert* Siedfleisch und Magerwurst Sauerrüben oder Bohnen Salzkartoffeln Biskuitroulade*	Bouillon mit Gemüse und Fleischwürfelchen Brotauflauf* Pfirsichkompott
Kraftbrühe mit gerösteten Brotwürfelchen Rehpfeffer* Spätzle Brokkoli Eisbergsalat Aprikosen	Geflügelsalat garniert* Blumenkohl-Radicchio-Salat Brot Birne
Tomatensaft Gefüllte Kohlrouladen* Bircherkartoffeln* Salatteller Schokoladepudding*	Raclettekartoffeln* Tomaten- und Selleriesalat Mirabellen
Hafergrützsuppe mit Kräutern Heiße Würstchen (mager) Linsen* Rote Rüben- und Endiviensalat Orangengelee	Saltimbocca Vollkornspaghetti Gedünstete Champignons* Gurkensalat Diätjoghurt
Kleiner Salatteller Gebratenes Hühnchen Pommes frites im Ofen Gedünstete Bohnen Ambrosiacreme mit Himbeeren*	Käseplättchen mit Hüttenkäse Schalenkartoffeln oder Brot Karottenrohkost mit Ananas* Heidelbeeren

Eine Woche im Winter:

Mittagessen	*Abendessen*
Champignoncremesuppe* Irish stew* Kartoffelwürfel Endiviensalat Gefüllter Apfel*	Käseschnitten* Schwarzwurzelsalat mit Kräutern Gemischter Blattsalat Zwetschgen
Fleischbrühe Käsegebäck (5 g KH) Zwiebelfleisch* Gedünstete Lauchstangen Gemüsekartoffeln Eisbergsalat Mandarinen	2 Spiegeleier Rohe Rösti* Gemüsesalat* Chicorée- und Brunnenkressesalat Birnenkompott
Kartoffelsuppe* Schweinsschnitzel mager Risotto Paprikaschote gefüllt mit Pilzen Endiviensalat Vanilleflan mit Himbeerkompott*	Birchermüsli Grahambrot Streichkäse
Brotsuppe Gebratener Kalbfleischkäse Weiße Bohnen* mit Tomaten concassées* Chinakohl- und Rote-Rüben-Salat Birne mit Schokolade*	Kaltes Roastbeef garniert Quarkmayonnaise* Fenchel- und Spargelsalat Vollkornbrot Grapefruit
Wintersalatteller Flundernfilets »Sultan«* Salzkartoffeln Blattspinat* und gedämpfte Tomate Apfelküchlein*	Rindsbolognese mit Pilzen* Maisschnitten gebacken* Blumenkohl mit Kräutern Endiviensalat Brombeerjoghurt
Geröstete Grießsuppe mit Gemüse Sauerbraten* Kartoffelpüree Gedünsteter Rosenkohl* Blattsalat Mokkacreme*	Käseteller Brot Margarine oder Butter Gurkensalat und Maiskörnersalat Mandarinen
Tomatensuppe Rindsfilet vom Grill Nudeln Karotten/Erbsengemüse Endiviensalat Fruchtsalat*	Kleiner Salatteller von KH-armem Gemüse Apfelkuchen* Milch-Kaffee

Fleischfreies Wochenmenü:

Mittagessen	*Abendessen*
Kleiner Salatteller Spanisches Omelett* Kartoffelwürfel Obst	Gemüsesuppe mit Ei Apfelrösti mit Vanillesauce*
Braune Zwiebelsuppe mit Reibkäse* Gemüseplatte Bircherkartoffeln* Grüner Salat Früchtequark	Käsespießchen Vollkornspaghetti Tomaten concassées* Grüner Salat und Krautsalat Kompott
Tomatensaft Spiegeleier Hirsotto* oder Buchweizen* Blattspinat mit Pinienkernen* Chicoréesalat mit Radicchio Obst	Birchermüsli* Vollkornbrot Streichkäse
Kartoffelsuppe* Linsen mit Tofuwürfeln* Gedünstete Lauchstangen Blattsalat Grießpudding*	Hüttenkäse und Käse Schalenkartoffeln Salatteller Kompott
Eiersalat mit Gurken und Radieschen Pizza* Obst	Blumenkohlauflauf mit Reis* Blattsalat und Tomaten Fruchtjoghurt*
Gemüsebouillon mit Eierstich* Tofuragout Vollreis* Fenchel gratiniert Blattsalat Dessert	Raclettekartoffeln* oder Käseschnitte* Gemischter Salat Kompott
Melonencocktail* Käsesoufflé* Gefüllte Tomaten mit Erbsen Gedünstete Champignons* Dampfkartoffeln Salat Dessert	Gemüsesuppe oder kleiner Salatteller Apfelkuchen* Milch-Kaffee

Festtagsmenü

Weihnachten

I

Bouillon mit Gemüsestreifen

Gefüllter Truthahn*
Gedämpftes Rotkraut*
Schloßkartoffeln*
Endiviensalat

Weihnachtsgebäck*

II

Bouillon mit Grieß

Canard à l'orange*
Rosenkohl in Butter
Pommes Dauphine*
Chicoréesalat

Weißweingelee mit Früchten*
Vanillesauce*

III

Bouillon mit Mark

Roastbeef nach Gärtnerinart*
(oder mit Blattspinat*)
Kartoffelkroketten*
Feld- oder Kopfsalat

Mokkacreme garniert*

Silvester/Neujahr

I

Fruchtcocktail an Cocktailsauce

Karpfen blau*
Flüssige Butter
Nature-Kartoffeln
Salatteller

Marmorcreme*

II

Bouillon mit buntem Eierstich*

Schweinsmedaillons mit
Champignon-Rahmsauce*
Erbsen und Karotten
Butternudeln
Endiviensalat

Biskuitroulade
(Mokkaroulade)*

III

Geflügelcremesuppe

Piccata*
Ratatouille*
Wildreis
Kopfsalat

Blanc manger*

IV

Kraftbrühe mit Cognac

Rippchen oder Bauernschinken
Dörrbohnen
Salzkartoffeln
Endiviensalat mit Radicchio

Apfelküchlein*

Ostern

I

Bouillon mit Backerbsen

Gebratene Hammelkeule (Gigot)*
Gedämpfte feine Bohnen
Tomaten provençales*
Bäckerinkartoffeln*
Kopfsalat Mimosa*

Fruchtsalat im Orangenkörbchen*

II

Bouillon mit Spargeln

Curryhuhn mit Banane*
Butterreis
Österlicher Salatteller

Zabaione*

III

Bouillon mit Ei

Veau gratiné
(überbackenes Kalbfleisch)*
Mischgemüse
Feine Nudeln

Chicoréesalat mit Kresse
Osterfladen*

Hochzeit

I

Oxtail clair mit Sherry

Spargel mit Sauce Hollandaise

Tournedos Försterinart*
Butternudeln
Salatteller

Fruchtsalat*

II

Geräucherter Salm
mit Sahnemeerrettich

Toast

Pfannkuchensuppe*

Mixed grill
Gemüseplatte
Pommes frites
Kopfsalat

Eiscreme*

III

Melone mit Rohschinken

Consommé royal*

Gemischter Braten
Gemüseplatte
Kartoffelkroketten*
Kopfsalat

Apfel-Meringue*

Vorschläge für Parties

Warme Speisen	*Kalte Speisen*
- Gulaschsuppe* - Pizza* - Pizzabrötchen* - Käseschnitten* - Raclette - Grillparty - Fondue chinoise	Ohne Kohlenhydrate: - Crevettencocktail* - Geräucherte Fische - Kalter Braten (Truthahn, Kalb, Roastbeef) - Gefüllte Eier mit Senfquark - Käsesalat*, Geflügelsalat* - Hobelkäse, Käsebuffet - Trockenfleisch, Rohschinken - Schinkenrollen mit Spargel - Mageres Siedfleisch an Vinaigrettesauce* Frei erlaubt: - Tomaten-, Gurkensalat - Alle Blattsalate - Gefüllter Chicorée mit Champignonsalat - Stangenselleriestengel mit Quarkmayonnaise - Mixed Pickles, Essiggurken Anzurechnende Speisen: - Kartoffelsalat mit Gurken* - Linsen*-, Reis*-, Maiskörnersalat - Waldorfsalat* - Avocadosalat - Belegte Minibrötchen - Windbeutel mit Käsecreme - Alle Brotsorten Desserts: (anzurechnen) - Beeren - Grapefruit-/Orangenfilets - Ananas, Kiwi - Eiscreme usw.

Zehn Menüs zum Mitnehmen an den Arbeitsplatz und fürs Picknick

Vorschläge für eine Diabetes-Standard-Diät mit 1500 Kalorien/6300 Joule pro Tag

	Mittagessen (je 45 g KH)	*Nachmittags* (je 20 g KH)
1.	50 g Schinken (mager) 1 Streichkäse (¼ fett) 130 g Karottensalat 50 g Schwarzbrot 90 g Apfel	12 g Darvida-Vollkorn Dauergebäck 1 Becher Diätfruchtjoghurt 180 g
2.	100 g kaltes Hühnchen 130 g Selleriesalat 18 g Knäckebrot 100 g Orange 1 Becher Joghurt 180 g	40 g Vollkornbrot 1 Streichkäse
3.	2 hartgekochte Eier 130 g Rote-Rüben-Salat 75 g Kartoffelsalat 80 g Birne 1 Becher Joghurt 180 g	24 g Darvida Vollkorn Dauergebäck 1 Portion Kräuterquark
4.	75 g kalter Braten 40 g Quark gewürzt 250 g Tomaten-, Gurkensalat 50 g Schwarzbrot 150 g Grapefruit	12 g Knäckebrot 1 Becher Diätfruchtjoghurt 180 g
5.	80 g Kalbfleischkäse 1 Portion Hüttenkäse 250 g Tomaten-, Peperonisalat 30 g Vollkornbrot 140 g Banane	40 g Schwarzbrot Bündnerfleisch

	Mittagessen (je 45 g KH)	*Nachmittags* (je 20 g KH)
6.	60 g Zunge kalt 1 Stück Käse 200 g Bohnensalat 50 g Vollkornbrot 100 g Pfirsich	180 g Aprikosen
7.	100 g Thunfisch-Salat 1 Hartei 250 g Weißkrautsalat 50 g Graubrot 300 g Melone	24 g Sesam-Knäckebrot Pfefferkäse
8.	80 g Aufschnitt mager 1 Portion Magerquark 250 g Blumenkohlsalat 50 g Grahambrot 90 g Apfel	1 Becher Joghurt nature 180 g 130 g Erdbeeren
9.	75 g Roastbeef kalt 200 g Spargel-, Tomatensalat 100 g Reissalat 1 Becher Diätfruchtjoghurt 180 g	40 g Graubrot 1 Portion Hüttenkäse
10.	Käsesalat insgesamt 250 g Rettich oder Radieschen, schwarze Oliven und Tomatensalat 50 g Walliserbrot mit Nüssen (Roggenbrot) 80 g Birne	40 g Halbweißbrot Rauchfleisch

Was essen Diabetiker im Restaurant?

Suppen: Bouillon nature, mit Ei, Eierstich oder Gemüse. Gebundene Suppen sind zu vermeiden.

Vorspeisen: Achtung, die meisten Vorspeisen enthalten viel Fett! Hors d'œuvres ohne Toast oder den Toast abschätzen und mitberechnen;
Trockenfleisch, Rohschinken, gekochter Schinken, Fisch, Eierspeisen;
Käsesalat, Käseteller.

Fleisch, Fisch, Eierspeisen:

Wichtig: Zubereitungsart ohne Mehl oder Paniermehl, z.B gegrilltes Fleisch, Kotelette (sichtbares Fett abschneiden), Schnitzel, Spießchen, Braten, Geflügel, Wild (kein Wildpfeffer oder Ähnliches), Omelette, Spiegeleier.
Fisch gekocht, z.B Forelle blau etc.

Beilagen: a) Kartoffeln sind geeigneter als Reis und Teigwaren, da sie sich besser abschätzen lassen.

b) Gemüse und/oder Salate: vor allem kohlenhydratarme Sorten.
Zubereitung ohne Mehlsaucen.

Desserts: Früchte: Gewicht abschätzen.
Sind keine Früchte vorhanden, kann auch ein naturreiner Orangen- oder Grapefruitsaft genommen werden.
Ebenfalls eignet sich Käse gut als Dessert. Wird Brot dazu gegessen, dieses abschätzen und mitberechnen!

Getränke: Mineralwasser nature, Cola-Getränke künstlich gesüßt, alle künstlich gesüßten Limonaden, Kaffee oder Tee ohne Zucker.

Frühstück im Hotel

Brot: Dunkle Sorten bevorzugen, erlaubte Menge abschätzen
10—20 g Butter oder Pflanzenmargarine
Käse, Quark, Schinken oder Aufschnitt möglichst fettarm, oder 1 Ei
Kaffee, Tee. Milch abschätzen
Eventuell Orangensaft (statt Milch)

Kein Birchermüsli mit Zucker, Konfitüre mit Zucker, Honig usw.

Bei Hungergefühl

Bei Hungergefühl, wenn keine Kohlenhydrate mehr zur Verfügung stehen, kann folgendes ohne Anrechnung gegessen beziehungsweise getrunken werden:

Bouillonsuppen: fettarme Bouillon mit etwas Tomaten, Pilzen, Blumenkohl, Spargel, Fleischwürfelchen oder Eierflocken.

Salate: aus freien und kohlenhydratarmen Gemüsesorten, mit wenig Öl oder auch ohne: Blattsalate, Gurken, Tomaten, Paprikaschoten, Kohl, Spargel, Radieschen, Gewürzgurken.

Eiweißträger: Magerkäse, viertel- und halbfett, Magerquark, Hüttenkäse, Trockenfleisch, magerer Schinken, Rinderschinken. Übergewichtige Diabetiker sollten daran denken, daß die Kalorien der Eiweißträger mitzuzählen sind!

Getränke: siehe »Frei erlaubte Getränke«.

Ernährung bei Krankheiten

Fieber

Bei Appetitmangel ist es meist nicht möglich, die Diät genau nach Verordnung einzuhalten. In solchen Fällen dürfen Sie mit gutem Gewissen die Kohlenhydrat-Werte innerhalb einer Mahlzeit untereinander austauschen. Wichtig ist dann vor allem, daß die verordnete Menge an Kohlenhydraten nach Möglichkeit gleichbleibend enthalten ist.
Meist besteht bei Fieber vermehrt Durst. Es empfiehlt sich daher, vor allem Obst- und Milchprodukte zu verwenden.
Folgende Speisen oder Getränke werden bei Fieber oft bevorzugt:

- ungezuckerte Fruchtsäfte und Kompotte
- Fruchtsalat
- Joghurt oder Milch
- Joghurt oder Quark mit Früchten
- Birchermüsli
- Pudding, Fruchtcreme, Milchbrei mit Kompott
- Diabetikereis

- Frappé, Milchmixgetränke
- Zwieback
- Suppen, Schleimsuppen aus Hafer, Gerste oder Reis.

Erbrechen

Eine normale Nahrungsaufnahme ist bei Erbrechen nicht möglich. Jedoch sollte der Diabetiker keine zu lange Pause bis zur nächsten Nahrungsaufnahme einlegen — die Pause nicht mehr als zwei Stunden verlängern. In leichten Fällen kann mit Tee begonnen werden, je nach Blutzucker- beziehungsweise Urintest muß der Tee eventuell mit Zucker gesüßt werden. In schweren Fällen empfehlen wir folgende Mischung zum Trinken (Arzt fragen):

⅓ Menge Tee
⅓ Menge Salzwasser (1 gestrichener Teelöffel Salz auf ½ Liter Wasser)
⅓ Menge Orangensaft

Nach Besserung des Erbrechens soll die Ernährung möglichst rasch (je nach Befinden) wieder aufgebaut werden. Nahrungsaufbau: Es empfiehlt sich, eine leicht verdauliche Diabetes-Diät einzunehmen, die *vor allem* Kohlenhydrate enthält.

Zu vermeiden sind im besonderen:

- stark gebackene und gebratene Speisen
- blähende Gemüse, rohe Salate
- rohes und saures Obst
- fette und geräucherte Fleisch- und Wurstwaren
- hartgekochte Eier, Spiegeleier

Tagesbeispiel einer sehr leicht verdaulichen Diabetes-Diät (nur vorübergehend einzunehmen):

Frühstück:	Tee Zwieback, Weißbrot (kein frisches) Quark, Frischkäse, ein weichgekochtes Ei Butter/Margarine erst nach einigen Tagen
Vormittag:	Kompott oder Fruchtsaft ohne Zucker, geriebener Apfel, zerdrückte Banane
Mittagessen:	Schleimsuppe gekochtes Fleisch (Kalb, Hühnchen oder Truthahn) Teigwaren, Reis, Kartoffelschnee oder -püree Karottengemüse, gedämpfte Tomaten, ohne Haut, Blumenkohl- oder Brokkoliröschen; Gemüsesaft Kompott ohne Zucker
Nachmittag:	Joghurt mit Banane oder Tee mit Zwieback oder wie bei Fieberkost
Abendessen:	wie Mittagessen
Spätimbiß:	geriebener Apfel

Durchfall

Bei Durchfall kann die Ernährung ähnlich wie bei Erbrechen gestaltet werden, mit Bevorzugung von stopfenden Nahrungsmitteln. Anstelle von Haferschleim ist Reis- oder Gerstenschleim (siehe Rezeptteil) vorzuziehen, günstig sind geschälter, geriebener Apfel und zerdrückte Banane, Wasserreis gesalzen, schwarzer Tee.

Spezialprodukte für Diabetiker

Der Diabetiker kann seine Verpflegung aus den üblichen, normalen Nahrungsmitteln zusammenstellen.
Als Ersatz für gewisse verbotene oder ungeeignete Produkte können Spezialprodukte gute Dienste leisten wie künstlich gesüßte Getränke, künstlich gesüßte Joghurts und andere.
Bei allen Spezialprodukten muß die genaue Analyse und die Zusammensetzung beachtet werden. Auf den Verpackungen können Sie folgende Angaben vorfinden:

1. **»künstlich gesüßt«**

Unter *Süßstoff* verstehen wir kalorien- und kohlenhydratfreie Süßungsmittel wie z. B. Cyclamat, Saccharin und Aspartam. Süßstoffe sind synthetisch (künstlich) hergestellte Stoffe. Sie weisen eine wesentlich höhere Süßkraft als Zucker, aber keinen Nährwert auf. Sie müssen also vom Diabetiker nicht angerechnet werden. Im Handel sind die Süßstoffe als Tabletten oder in flüssiger Form erhältlich. Da die Süßkraft dieser Produkte sehr hoch ist, empfiehlt sich eine eher vorsichtige Dosierung; verwendet man zuviel davon, kann ein bitterer Nachgeschmack entstehen.

2. **»gesüßt mit Sorbit, Xylit, Fruchtzucker«**

Die Zuckeraustauschstoffe: Die Süßkraft von Sorbit (Sionon), Fruchtzucker (Fruktose) und Xylit entspricht ungefähr derjenigen des Zuckers.
Die Verwertung dieser Zuckeraustauschstoffe im Körper ist insulinabhängig. Sie müssen daher mitberechnet werden. Zum Beispiel 10 g Sorbit = 10 g Kohlenhydrate. Sorbit, Fruchtzucker, Xylit und Mannit werden zwar etwas langsamer als Zucker aus dem Darm ins Blut aufgenommen, jedoch schließlich durch die Leber in Traubenzucker umgewandelt. Wegen der längeren Verweildauer im Darm können gewisse Zuckeraustauschstoffe zu Blähungen und Durchfall führen, deshalb soll ein Maximum von 20 bis 30 Gramm pro Tag, verteilt auf zwei bis drei Portionen, nicht überschritten werden. Die neuen Zuckeraustauschstoffe wie Maltit und Palatinit müssen nur zur Hälfte berechnet werden (10 g = 5 g Kohlenhydrate), und von Polydextrose sind für 10 g nur 2,5 g Kohlenhydrate zu berechnen.

3. **»mit Süßpulver gesüßt«**

Süßpulver ist ein Maltodextrin-Gemisch mit Zusatz von künstlichen Süßstoffen. Es weist eine zehnmal stärkere Süßkraft auf als Zucker beziehungsweise Sorbit, das heißt: statt 100 g Zucker/Sorbit genötigt man zehn Gramm Süßpulver. 10 g Süßpulver enthält 8,6 g Kohlenhydrate und 32 Kalorien/130 Joule. Süßpulver mit Aspartam verliert bei längerem Erhitzen (über 120°C) einen Teil seiner Süßkraft. Süßpulver wird von der Firma Hermes Süßstoff AG, 8026 Zürich, Schweiz, hergestellt und kann in Deutschland durch die Internationalen Apotheken bezogen werden.

4. **»zuckerfrei«**

Dies bedeutet: ohne Haushaltszucker. Solche Produkte sind für den Diabetiker trotzdem nicht unbedingt als

»geeignet« zu betrachten, sie können unter Umständen mit Glukose, Honig oder Stärke-Derivaten gesüßt sein.

5. **BE und BW**
BE bedeutet Broteinheit; mit ihr wird in Deutschland und Österreich gerechnet, in der Schweiz hingegen mit Brotwert (BW).

1 BE = 12 g Kohlenhydrate
1 BW = 10 g Kohlenhydrate

Berechnung von Spezialprodukten

Bei allen Spezialprodukten ist der Gehalt an Kohlenhydraten, Eiweiß, Fett usw. angegeben. Somit kann der Diabetiker berechnen, wieviel er abwiegen muß.

Die Analyse auf den Produkten wird auf zwei Arten angegeben:

- % KH: Die KH-Menge bezieht sich auf 100 g des Produktes
- g KH: Die KH-Menge bezieht sich auf ... Gramm des Produktes.

Ist ein Produkt mit Zuckeraustauschstoffen (Sorbit, Xylit, Fruktose [Fruchtzucker] usw.) gesüßt, so muß die angegebene Menge der KH und die des Zuckeraustauschstoffes zusammengezählt werden. Aus dieser Gesamt-KH-Menge errechnet man die erlaubte Menge für 1 BW oder 1 BE.
Wenn die Zusammensetzung eines Produktes (Eiweiß, Fett, Kohlenhydrate inkl. Zuckeraustauschstoffe, Wasser) nicht 95 bis 100 Prozent ergibt, ist die Analyse unvollständig.

Berechnungsbeispiele

A) Pfirsichkompott künstlich gesüßt (Dose) enthält zum Beispiel laut Aufdruck: 8 % Kohlenhydrate

Wieviel darf der Diabetiker für 1 BE bzw 1 OW essen?

Lösung: 8 % = 8 g KH in 100 g Pfirsichkompott
1 BE bzw. 1 OW in wieviel Gramm Pfirsichkompott?

D: $\frac{100 \times 12}{8}$ = 150 g Pfirsichkompott für 1 BE

CH: $\frac{100 \times 10}{8}$ = 125 g Pfirsichkompott für 1 OW

B) Kleingebäck, gesüßt mit Sorbit und Cyclamat, enthält zum Beispiel laut Aufdruck:

25 % KH
21 % Sorbit
= 46 % Gesamt-Kohlenhydrate

Lösung: 46 % = 46 Gramm Kohlenhydrate in 100 g Kleingebäck
1 BE bzw. 1 BW in wieviel Gramm Kleingebäck?

D: $\frac{100 \times 12}{46}$ = 26 g Kleingebäck für 1 BE

CH: $\frac{100 \times 10}{46}$ = 21,7 (22) g Kleingebäck für 1 BW

Regel:

D: $\frac{100 \times 12\ (= 1200)}{:\ \text{KH-Menge} + \text{Zuckeraustauschstoff}}$ = Menge für 12 g KH (1 BE)

CH: $\frac{100 \times 10 \, (= 1000)}{: \text{KH-Menge}}$ = Menge für 10 g KH (1 BW)
+ Zuckeraustauschstoff

Die meisten Spezialprodukte sind nicht notwendig. Der Diabetiker kann sehr gut ohne sie auskommen. Sie sind oft teuer, die meisten nicht kohlenhydratfrei, und sie enthalten oft viele Zuckeraustauschstoffe und auch Fett. Für übergewichtige Diabetiker sind die meisten Spezialprodukte deshalb ungeeignet.

Die Spezialprodukte lassen sich in vier Gruppen unterteilen:

1. *Freie Spezialprodukte* (ohne Anrechnung erlaubt):
   - künstlich gesüßtes Mineralwasser
   - Süßstoffe wie Cyclamat, Saccharin, Aspartam
   - Kaugummi ohne Zucker

2. *Spezialprodukte, die bei der Menügestaltung Abwechslung in die Ernährung bringen können* (Analysen beachten):
   - Fruchtjoghurt künstlich gesüßt
   - Früchtequark künstlich gesüßt
   - Pudding künstlich gesüßt
   - Fruchtkonserven künstlich gesüßt
   - Konfitüren mit künstlichem Süßstoff und Zuckeraustauschstoffen gesüßt
   - Speiseeis mit künstlichem Süßstoff und Zuckeraustauschstoffen gesüßt

3. *Bedingt erlaubt: Diabetikerschokolade*

   10 g Kohlenhydrate entsprechen 20 bis 25 g Schokolade (= 1/4 Tafel). Der Austausch von Schokolade gegen ein anderes Nahrungsmittel des Diätplans ist nicht

zu empfehlen, da in der Schokolade viel Fett und damit Kalorien enthalten sind.

4. *Diabetikerprodukte, die nicht notwendig sind:*
   - Diabetiker-Sirup, -Bonbons, -Honig, -Suppen, -Teigwaren, -Brot.

Tiefkühlprodukte

Tiefkühlgemüse oder -früchte helfen Zeiten überbrükken, in denen Frischgemüse und frische Früchte nicht so leicht erhältlich sind.

Einige Grundregeln des Tiefkühlens:

- Lagerung von Tiefkühlwaren nur im Tiefkühlfach bei mindestens minus 18°C
- Das Gefriergut innerhalb eines Jahres aufbrauchen
- Aufgetaute Ware muß verbraucht und darf nicht wieder eingefroren werden.

Gekaufte Tiefkühlprodukte:

Gemüse: Man achte darauf, daß es sich um Gemüse ohne Mehlsaucen handelt.
Die Gemüse können in gefrorenem Zustand wie frisches Gemüse zubereitet werden, die Garzeit ist jedoch um etwa ein Drittel kürzer als bei Frischgemüse.
Die Kohlenhydrat-Berechnung ist die gleiche wie bei Frischgemüse.

Früchte: Bei gekauften Tiefkühlfrüchten ist zu beachten, daß es sich wirklich um Früchte *ohne* Zuckerzusatz handelt. Für Obstkuchen können die Früchte in gefrorenem Zustand auf den Kuchenboden gelegt werden. Zur Verarbeitung in Birchermüsli für den direkten Verzehr sollten die Früchte vorher im Kühlschrank aufgetaut werden.

Bei der Kohlenhydrat-Berechnung ist einzukalkulieren, daß die Steine von Aprikosen, Zwetschgen usw. meistens entfernt worden sind, und demzufolge der »eßbare Anteil« berechnet werden muß.

Beispiele:

90 g Aprikosen mit Stein
= 80 g ohne Stein
75 g süße Kirschen mit Stein
= 65 g ohne Stein
90 g Sauerkirschen mit Stein
= 80 g ohne Stein
100 g Pfirsich mit Stein
= 90 g ohne Stein
75 g Zwetschgen mit Stein
= 70 g ohne Stein

Zubereitung der Diabetes-Kost (für Anfänger)

Küchentechnische Hinweise

- **Vollwertige Kost.** Um die in den Nahrungsmitteln enthaltenen wertvollen Vitamine, Mineralstoffe und Spurenelemente möglichst vollständig zu erhalten, werden die Gemüse mit wenig Wasserzugabe gedünstet oder gedämpft. Selbstverständlich sollen täglich auch rohe Früchte und Salate gegessen werden. Anstelle von Weißbrot, weißen Teigwaren oder weißem Reis sind Vollkornprodukte zu bevorzugen.

- **Fette.** Insgesamt ist eine fettarme Zubereitung anzuwenden. Dazu leisten die modernen Kochgeräte mit Antihaftbelag gute Dienste, ebenso Brat- oder Backfolien, Grillpfannen, Römertöpfe usw.

- **Mehl, Stärkemehl, Paniermehl** oder andere kohlenhydrathaltige Bindemittel sind bei der Zubereitung zu meiden. Will man trotzdem einmal eine Sauce binden, so müssen die Kohlenhydrate für das benötigte Mehl von den Kohlenhydraten dieser Mahlzeit (z.B von den Kartoffeln) abgezogen werden.
  Ein gewisser Ersatz für Mehl ist NESVITAL (früher Nestar-

gel), das unberechnet verwendet werden kann (in Apotheken erhältlich).
Eine gute Methode, um einen kräftigen Fleischfond zu erhalten: Die Flüssigkeit von Ragout oder ähnlichem gut einkochen lassen und das beigefügte Gemüse durchpassieren oder mixen.

- **Gewürze,** Küchenkräuter sowie Essig und Salz können nach individuellem Geschmack verwendet werden.

- **Künstliche Süßstoffe.** Es empfiehlt sich, eher etwas weniger als mehr zu verwenden; der Geschmack wird meistens angenehmer.

- **Backen.** Beim Backen muß besonders sorgfältig gearbeitet werden, da in den berechneten Rezepten kein Mehl fürs Auswalken von Teig oder Bestäuben von Backformen mitberechnet ist. Hier sind die käuflichen Backfolien (auch unter anderen Namen im Handel) sehr zweckmäßig.
  Die Zutaten in den Rezepten müssen möglichst genau abgewogen werden!
  Keinerlei Zucker, Honig, Birnendicksaft und ähnliche Produkte verwenden!

  Teig auswalken ohne Mehl: Ein Blatt Backfolie auf den Tisch legen, den Teig daraufgeben und mit einem zweiten Blatt bedecken. Teig ausrollen. Sollte dieser kleben, die Folien zwischendurch ablösen; dabei auch die gleichmäßige Dicke des Teiges prüfen.

- **Gelatine.** Die benötigte Menge Gelatineblätter in kaltem Wasser etwa fünf Minuten einweichen, herausnehmen und leicht ausdrücken.

  Für *heiße* Flüssigkeiten oder Speisen: Gelatine beigeben und umrühren, bis sie aufgelöst ist.

Für *kalte* Flüssigkeiten oder Speisen: Die ausgedrückte Gelatine mit ein bis zwei Eßlöffeln der kalten Flüssigkeit in eine Tasse geben und ins heiße Wasserbad stellen, bis die Gelatine aufgelöst ist. Anschließend der Gesamtflüssigkeit beigeben. Letztere sollte jedoch nicht *zu* kalt sein, damit die Gelatine nicht klumpt.
Gelatine darf niemals gekocht werden, sonst verliert sie ihre Gelierfähigkeit.

- **Agar-Agar.** Agar-Agar ist ein pflanzliches Produkt mit Gelierfähigkeit. Es muß kurz mit den Speisen mitgekocht werden. Die benötigte Menge kann man aus den Angaben auf der Verpackung ersehen.

- **Blanchieren.** Vorbereitendes Kochverfahren für einige Rezepte: Gemüse oder Kartoffeln waschen, putzen bzw. schälen und in die gewünschte Form schneiden. Wasser zum Sieden bringen, Gemüse oder Kartoffeln hineingeben und kurz aufkochen lassen. Danach das Wasser abschütten und das Gemüse oder die Kartoffeln weiterverarbeiten.
  Blanchieren normalerweise vermeiden (Vitamin- und Mineralstoffverluste).

- **Auf Vorrat einfrieren.** Für Diabetiker kann ein Gefriergerät (Tiefkühlschrank oder -truhe) sehr hilfreich sein, damit lassen sich selbstzubereitetes Gebäck, Teig oder andere Speisen auf Vorrat einfrieren.

Die Nährwertangaben in den Rezepten

In der Regel wurde darauf geachtet, daß die Rezepte nicht zu kalorien-/joulereich sind.
Bei den Festtagsrezepten gingen wir mit den Kalorien etwas großzügiger um. Wir glauben dies vertreten zu können, da Festtagsmenüs ja nicht täglich zubereitet beziehungsweise konsumiert werden.
Viele *Backrezepte* weisen — bedingt durch Nüsse, Butter und andere kalorienreiche Zutaten — ebenfalls einen hohen Kalorien-/Joulegehalt auf. Übergewichtige Diabetiker sollten solches Gebäck möglichst meiden.
Nahezu bei allen Rezepten wurden die Gesamtmengen an Eiweiß, Fett, Kohlenhydraten, Kalorien und Joule angegeben, außerdem die anrechenbaren Kohlenhydrate in Broteinheiten (BE).
Für die Schweiz erfolgten die Angaben in Werten: BW, OW, MW, GW, außerdem — wo notwendig — in EW und FW.
Bei Gebäck beziehen sich die Nährwertangaben auf *frisches* Gebäck. Da Backwaren nach und nach etwas aus-

trocknen und dadurch leichter werden, ist es ratsam, sich zu Beginn die Anzahl oder Größe des erlaubten und errechneten Frischgebäcks zu notieren.
Kleingebäck: Es empfiehlt sich, die Plätzchen mit eher kleinen Formen auszustechen, damit sie sich besser dosieren lassen.

Suppen und Vorspeisen

Bouillon mit Goldwürfeln

(4 Portionen)

Pro Portion:
2 g E, 4 g F, 5 g KH
301 kJ / 72 kcal
D: ½ BE
CH: ½ BW, ½ FW

1 Ei
20 g Milch
1 TL Wasser
Salz, Pfeffer
geriebene Muskatnuß
40 g Graubrot ohne Rinde, nicht frisch
10 g Öl
1 l fettarme Bouillon
feingeschnittener Schnittlauch

Das Ei mit Milch, Wasser, je 1 Prise Salz und Pfeffer und geriebener Muskatnuß gut verrühren. Graubrot in kleine Würfel schneiden und in der Eimasse einweichen. Die Würfel in heißem Öl bei mittlerer Hitze goldgelb backen und anschließend auf Küchenkrepp abtropfen lassen. Inzwischen die Bouillon erhitzen und die Brotwürfel kurz vor dem Servieren hinzugeben. Zum Schluß den gehackten Schnittlauch darüberstreuen.

Bouillon mit Eierstich

Consommé royal

(2 Portionen)

Pro Portion:	*1 Ei*
4 g E, 4 g F, 1 g KH	*40 g Milch*
263 kJ / 63 kcal	*10 g Kaffeesahne*
D: 0 BE	*Salz, Muskat, Paprikapulver*
CH: ½ FW	*½ l heiße Bouillon oder Kraftbrühe (Consommé)*
	gehackte Petersilie

Das Ei mit der Milch und der Kaffeesahne verkleppern und mit Salz, Muskat und Paprikapulver würzen. Das Ganze in ein ausgebuttertes Förmchen gießen und zugedeckt im heißen Wasserbad etwa 40 Minuten ziehen lassen. Das Wasser darf nicht kochen! Wenn die Eimasse gestockt ist, die Form aus dem Wasser nehmen und erkalten lassen. Den Eierstich in Vierecke oder Rauten schneiden und in die heiße Bouillon oder Kraftbrühe geben. Zum Schluß die gehackte Petersilie darüberstreuen.

Bunter Eierstich: Einen Teil der Eimasse durch Beigabe von etwas Tomatenpüree rot, einen weiteren Teil mit Petersiliensaft grün färben.

Bouillon mit Grießklößchen

(4 Portionen)

Pro Portion:	*15 g Butter*
1 g E, 4 g F, 5 g KH	*½ Ei*
265 kJ/63 kcal	*26 g Grieß*
D: ½ BE	*Salz, Muskat*
CH: ½ BW	*1 l fettarme Bouillon*
	gehackte Petersilie

Butter schaumig schlagen, dann Ei und Grieß dazurühren. Die Masse mit Salz und Muskat würzen und etwa 1 Stunde ruhen lassen. Inzwischen die Bouillon zum Kochen bringen. Mit zwei Teelöffeln aus dem Grießteig kleine Klößchen formen und in die leicht köchelnde Suppe einlegen. Die Klößchen müssen etwa 10 Minuten ziehen. Kurz vor dem Servieren Petersilie darüberstreuen.

Fürstliche Suppe

1 Portion:	*¼ l Consommé (Kraftbrühe)*
ohne Anrechnung erlaubt	*1 EL Spargelspitzen (1 cm lang geschnitten)*
	1 EL Eierstichwürfelchen (siehe Rezept Seite 51)
	1 EL geschälte Tomatenwürfel
	1 TL feine Erbsen
	feingehackte Petersilie

Die Consommé zum Kochen bringen und die restlichen Zutaten beifügen. Kurz vor dem Servieren die feingehackte Petersilie darüberstreuen.

Pfannkuchensuppe

(2 Portionen)

Pro Portion:	*1 kleines Ei*
4 g E, 4 g F, 5 g KH	*14 g dunkles Mehl*
351 kJ/84 kcal	*20 g Kaffeesahne*
D: ½ BE	*1 EL Wasser*
CH: ½ BW	*gehackte Petersilie oder Schnittlauch*
	Salz
	400 ml Bouillon

Die Bouillon erhitzen. Die restlichen Zutaten gut verrühren und in einer beschichteten Pfanne zu zwei dünnen Pfannkuchen backen. Die Pfannkuchen erkalten lassen und in schmale, etwa 3 cm lange Streifen schneiden. Auf die Suppentassen verteilen, die Brühe darübergießen und gehackte Petersilie oder Schnittlauch darüberstreuen.

Pfannkuchensuppe ohne Mehl

1 Portion:	*1 Ei*
ohne Anrechnung erlaubt	*10 g Kaffeesahne*
	1 TL Wasser
	1 TL gehackte Petersilie
	1 Prise Salz
	400 ml fettarme Bouillon

Die Zubereitungsart ist die gleiche wie beim vorhergehenden Rezept.

Kerbelcremesuppe legiert

1 Portion:	*7 g Mehl*
3 g E, 8 g F, 5 g KH	*5 g Butter*
465 kJ / 111 kcal	*¼ l fettarme Bouillon*
D: ½ BE	*1 EL gehackter, frischer Kerbel*
CH: ½ BW	*1 TL gehackter Sauerampfer*
	½ Eigelb
	1 TL Kaffeesahne

Das Mehl in der Butter anschwitzen, mit der Bouillon löschen und glattrühren. Die Suppe zum Kochen bringen. Kerbel und Sauerampfer hinzufügen und alles noch einmal kurz aufkochen lassen. Das Eigelb in der Suppentasse verkleppern und unter Rühren die Kerbelsuppe darübergießen.

Braune Zwiebelsuppe

1 Portion:	*7 g dunkles Mehl*
7 g E, 9 g F, 7 g KH	*5 g Öl*
623 kJ / 149 kcal	*20 g feingeschnittene Zwiebeln*
D: ½ BE	*¼ l entfettete Fleischbrühe*
CH: ½ BW	*½ Lorbeerblatt*
	1 Gewürznelke
	½ TL Essig
	Salz
	1 EL Wein
	1 TL Sbrinz, gerieben (oder anderen Schweizer Hartkäse)

Mehl in einer beschichteten Pfanne leicht anrösten und anschließend abkühlen lassen. Die Zwiebeln im heißen

Öl bräunen und das Mehl dazugeben. Das Ganze mit der Brühe löschen und glattrühren. Lorbeerblatt, Nelke, Essig und Salz hinzugeben. Die Suppe 30 Minuten kochen lassen, anschließend den Wein beifügen und das Lorbeerblatt und die Nelke entfernen. Zum Schluß Sbrinz darüberstreuen.

Gemüsesuppe

1 Portion:
2 g E, 1 g F, 7 g KH
134 kJ / 32 kcal
D: ohne anrechenb. KH
CH: ½ GW

1 TL feingehackte Zwiebeln
je 15 g Karotten- und Sellerie-würfelchen
1 EL gehackte Sellerieblätter
20 g Lauchstreifen
30 g Wirsingstreifen
30 g Tomatenwürfel
Salz, Pfeffer, Bohnenkraut, Basilikum
300 ml fettarme Bouillon
gehackte Petersilie

Zwiebeln in einem Hauch Öl bräunen, das Gemüse hinzugeben und mitdünsten. Mit Salz, Pfeffer, Bohnenkraut und Basilikum würzen. Anschließend die Bouillon hinzugießen und das Ganze kochen, bis das Gemüse gar ist. Vor dem Anrichten die gehackte Petersilie darüberstreuen.

Andalusische Tomatensuppe

1 Portion:	*5 g Butter*
2 g E, 6 g F, 10 g KH	*1 TL feingehackte Zwiebeln*
443 kJ / 106 kcal	*100 g geschälte und gewürfelte Tomaten*
D: ½ BE	*20 g feingewürfelte Paprikaschote*
CH: ½ BW	*7 g dunkles Mehl*
	200 ml fettarme Bouillon
	Salz, Streuwürze
	5 g Kaffeesahne

Zwiebeln in der Butter glasig werden lassen und 50 g der Tomatenwürfel und die Paprikaschote dazugeben und mitdünsten. Das Ganze mit dem Mehl bestäuben, mit der Bouillon aufgießen und mit Salz und Streuwürze abschmecken. Die Suppe 20 Minuten kochen lassen. Die restlichen Tomatenwürfel im Suppenteller anrichten und anschließend die Kaffeesahne und die kochende Brühe darübergießen.

Champignoncremesuppe

1 Portion:	*9 g Champignon-Fertigsuppe*
3 g E, 4 g F, 6 g KH	*¼ l Wasser*
297 kJ / 71 kcal	*1 EL gehackte Champignons*
D: ½ BE	*⅓ Eigelb*
CH: ½ BW	*1 TL Kaffeesahne*
	gehackte Petersilie

Die Suppe in einem kleinen Topf unter Rühren zum Kochen bringen, Champignons dazugeben und einige Minuten mitkochen. Eigelb mit der Kaffeesahne in der Suppentasse verrühren und die kochende Suppe darübergießen. Vor dem Servieren Petersilie darüberstreuen.

Minestrone

(2 Portionen)

Pro Portion:
2 g E, 3 g F, 7 g KH
296 kJ / 70 kcal
D: ½ BE
CH: ½ BW

1 TL Öl oder gewürfelten Speck
1 TL gehackte Zwiebeln
25 g Sellerie
25 g Karotten
15 g Lauch
25 g Weißkraut
50 g geschälte Tomaten, in Würfel geschnitten
ca. ½ l fettarme Bouillon
Majoran
gehackter Salbei
gehackte Petersilie
1 Msp gehackter Knoblauch
7 g Reis oder feine Teigwaren (Rohgewicht)
1 TL geriebener Parmesankäse

Öl oder gewürfelten Speck in einem kleinen Topf erhitzen und die Zwiebel darin glasig werden lassen. Das Gemüse klein schneiden und mitdünsten. Die Bouillon dazugießen und mit Majoran, Salbei, Petersilie und Knoblauch würzen. Nach 15 Minuten Kochzeit den Reis hinzufügen und das Ganze noch einmal 15 Minuten kochen lassen. Vor dem Servieren Parmesan über die Minestrone streuen.

Kartoffelsuppe

1 Portion:	
1 g E, 4 g F, 5 g KH	
263 kJ/63 kcal	
D: ½ BE	
CH: ½ BW	

1 TL gehackte Zwiebeln
1 TL in feine Streifen geschnittener Lauch
½ TL Butter oder Sonnenblumenöl
25 g in dünne Scheiben geschnittene Kartoffeln
Majoran, Salz, Streuwürze
200 ml fettarme Bouillon
gehackter Schnittlauch

Zwiebel und Lauch im Fett andünsten und die Kartoffelscheiben dazugeben; mit Streuwürze, Salz und Majoran würzen. Die Bouillon angießen und das Ganze 10 Minuten kochen lassen. Vor dem Servieren Schnittlauch darüberstreuen.

Geflügelcremesuppe

Königinsuppe

1 Portion:	
9 g E, 8 g F, 5 g KH	
577 kJ/138 kcal	
D: ½ BE	
CH: ½ BW	

5 g Butter oder Margarine
7 g Mehl
¼ l entfettete Hühnerbrühe
Salz
1 EL gekochtes, feingeschnittenes Hühnerfleisch
½ Eigelb
½ TL Kaffeesahne

Das Mehl im Fett anschwitzen und die Hühnerbrühe angießen. Das Ganze glattrühren, einige Minuten kochen lassen und mit Salz abschmecken. Die Fleischstückchen dazugeben. Ei und Kaffeesahne in der Suppentasse verrühren und die heiße Brühe darübergießen.

Bündner Gerstensuppe

(3 Portionen)

Pro Portion:
4 g E, 5 g F, 5 g KH
372 kJ / 89 kcal
D: ⅓ BE
CH: ½ BW, ½ FW

5 g Butter oder Margarine
20 g gehackte Zwiebeln
20 g Karotten
20 g Lauch
15 g Sellerie
20 g kleingeschnittenes Bündnerfleisch
13 g Gerste
600 ml Bouillon
Salz, Streuwürze
1 Eigelb
2 TL Sahne

Zwiebeln im erhitzten Fett glasig werden lassen. Karotten, Lauch und Sellerie in kleine Würfel schneiden und mitdünsten. Anschließend Bündnerfleisch und Gerste hinzugeben und mit dem Gemüse verrühren. Das Ganze nach einigen Minuten mit der Brühe löschen und 45 Minuten kochen lassen, mit Salz und Streuwürze abschmekken. Eventuell muß man ein wenig Bouillon nachgießen. Ei und Sahne in der Suppenterrine verrühren und die kochende Suppe darübergießen.

Bouillon mit Käseklößchen

(4 Portionen)

Pro Portion:	*60 g Wasser*
4 g E, 5 g F, 6 g KH	*10 g Butter oder Margarine*
351 kJ/84 kcal	*1 Prise Salz*
D: ½ BE	*30 g Mehl*
CH: ½ BW, ½ FW	*1 kleines Ei*
	20 g geriebener Käse
	1 l fettarme Bouillon
	gehackter Schnittlauch

Wasser, Fett und Salz zusammen aufkochen. Das Mehl auf einmal dazuschütten und das Ganze kräftig glattrühren, bis sich die Masse vom Topfrand löst. Den Topf vom Feuer nehmen, das Ei und den Käse in den Teig einarbeiten. Mit der Teelöffelspitze haselnußgroße Häufchen auf ein eingefettetes Backblech setzen. Die Klößchen bei 200°C goldgelb backen, in die heiße Bouillon geben und Schnittlauch darüberstreuen. Sofort servieren.

Gerstenschleim, Reisschleim

Insgesamt:	*28 g Gerstenmehl oder Reismehl*
2 g E, ½ g F, 21 g KH	*½ l Wasser*
431 kJ/103 kcal	*Salz*
D: 1¾ BE	*etwas Streuwürze oder fettlose*
CH: 2 BW	*Flüssigwürze*

Gersten- oder Reismehl ins kalte Wasser rühren und auf kleiner Flamme 20 Minuten kochen. Mit Salz und Streuwürze oder Flüssigwürze abschmecken.

Statt mit Reismehl, kann Reisschleim auch aus sehr weichgekochtem, durchpassierten Reis zubereitet werden.

Haferschleim

Insgesamt:	*30 g Haferflocken*
4 g E, 2 g F, 22 g KH	*½ l Wasser*
504 kJ / 120 kcal	*Salz*
D: 1½ BE	*etwas Streuwürze oder fettlose*
CH: 2 BW	*Flüssigwürze*

Haferflocken ins kalte Wasser rühren und etwa 30 Minuten kochen. Den Brei durch ein Sieb passieren und dabei darauf achten, daß möglichst kein Rest im Sieb bleibt. Den Haferschleim mit den Gewürzen abschmecken.

Melonencocktail

1 Portion:	*80 g Wassermelone (ohne Schale)*
1 g E, 0 F, 6 g KH	*½ EL Weißwein*
117 kJ / 28 kcal	*1 EL Mineralwasser*
D: ½ BE	*5 Tropfen flüssiger Süßstoff*
CH: ½ OW	*½ TL Zitronensaft*

Die Melone in Scheiben schneiden. Die übrigen Zutaten miteinander vermischen und darübergießen. Das Ganze zugedeckt im Kühlschrank stehenlassen und gekühlt servieren.

Crevetten-Cocktail

(4 Portionen)

Pro Portion:
13 g E, 6 g F, 4 g KH
549 kJ / 131 kcal
D: 0 BE
CH: 1 EW, ½ FW

250 g gekochte und geschälte Crevetten
4 mittelgroße, geschälte, entkernte und gewürfelte Tomaten
60 g dicke Mayonnaise, halbfett
1 EL geriebener Meerrettich
1 TL Tomatenpüree
1 EL Zitronensaft
1 EL Cognac
Salz, Pfeffer
einige Tropfen Süßstoff
1 Schuß Worcestersauce
8 Streifen von 1 roten Paprikaschote
gehackte Petersilie

8 Crevetten zum Garnieren beiseite legen. Die restlichen Crevetten mit den Tomatenwürfeln vermischen und kalt stellen.
Für die Sauce Mayonnaise, Meerrettich, Tomatenmark, Zitronensaft und Cognac verrühren und mit Salz, Pfeffer, Süßstoff und Worcestersauce abschmecken. Die Crevetten mit der Cocktailsauce vermengen und auf 4 Sektschalen verteilen. Mit den 8 Crevetten und den Paprikastreifen garnieren.

Schinken-Champignon-Soufflé

(3 Portionen)

Pro Portion:
18 E, 16 g F, 9 g KH
1142 kJ / 273 kcal
D: $^2/_3$ BE
CH: 1½ EW, 1½ FW*,
1 BW

20 g Butter oder Margarine
24 g Mehl
100 g kalte Milch
Salz, Muskat, Cayennepfeffer
wenig Streuwürze
120 g magerer, gewürfelter Schinken
3 Eigelb
3 Eiweiß
150 g blättrig geschnittene, gedünstete Champignons

Mehl in Butter oder Margarine anschwitzen, die kalte Milch hinzugießen und alles unter kräftigem Rühren erhitzen. Mit Salz, Cayennepfeffer, Muskat und Streuwürze abschmecken. Schinken und Eigelb unter die Masse mischen. Eiweiß steif schlagen und vorsichtig unter die Mischung ziehen. Champignons auf den Boden einer gefetteten Auflaufform verteilen und die Masse darüberstreichen. Das Ganze im Backofen bei 220°C goldgelb backen und sofort servieren.

Käsesoufflé

(2 Portionen)

Pro Portion:
13 g E, 20 g F, 10 g KH
887 kJ/212 kcal
D: 3/4 BE
CH: 1 1/2 EW, 2 FW*, 1 BW

20 g Butter
20 g Mehl
100 g kochende Milch
2 Eigelb
25 g geriebener Käse
Paprikapulver, Muskat, Salz
2 Eiweiß

Mehl in Butter anschwitzen. Die kochende Milch dazugießen und alles zuerst mit dem Rührbesen, dann mit dem Kochlöffel glattrühren. Die Masse vom Herd nehmen und das Eigelb daruntermischen. Käse, Paprikapulver, Muskat und 1 Prise Salz kräftig unterrühren. Eiweiß steif schlagen und vorsichtig unter die Masse ziehen. Die Mischung in einer ausgebutterten Auflaufform verteilen und im vorgeheizten Backofen bei 180°C goldgelb backen. Vorsicht: beim Backen geht das Soufflé sehr auf. Das Käsesoufflé ist fertig, wenn an dem Holzstäbchen, das man in die Mitte sticht, kein Teig mehr haftet. Sofort servieren.

Salate

Gekochter Gemüsesalat

1 Portion:	*50 g Karotten*
3 g E, 5 g F, 10 g KH	*50 g Sellerie*
426 kJ / 102 kcal	*60 g grüne Bohnen (1 cm lang geschnitten)*
D: ohne anrechenb. KH	*1 TL gehackte Zwiebeln*
CH: ½ FW, 1 GW	*1 TL gehackte Petersilie*
	Salatsauce oder Quarkmayonnaise

Karotten und Sellerie in Würfel schneiden und mit den Bohnen in wenig Wasser weich kochen, abkühlen lassen. Zwiebel und Petersilie untermengen und mit der Salatsauce oder Quarkmayonnaise vermischen. Den Salat einige Zeit ziehen lassen.

Griechischer Landsalat

1 Portion:	*100 g schnittfeste Tomaten*
14 g E, 19 g F, 10 g KH	*100 g Gurke*
1163 kJ/278 kcal	*2 EL Blumenkohlröschen, roh oder gekocht*
D: ohne anrechenb. KH	*40 g Paprikaschoten-Streifen*
CH: 1½ EW, 1½ FW, 1 GW	*15 g Zwiebelringe*
	4 schwarze Oliven
	Essig, Salz, Pfeffer
	5 g Öl
	40 g Ziegen- oder Schafskäse

Tomaten und Gurken in Scheiben schneiden und mit den anderen Zutaten bis auf den Käse vermischen. Zum Schluß Käse in Stücke brechen und auf dem Salat verteilen.

Karottenrohkost mit Ananas

1 Portion:	*70 g feingeraffelte Karotten*
2 g E, 4 g F, 11 g KH	*30 g frische gewürfelte Ananas*
380 kJ/91 kcal	*10 g Zitronensaft*
D: ⅓ BE	*2 TL Joghurt nature*
CH: 1 GW	*5 Tropfen flüssiger Süßstoff*
	1 TL gehackte Walnüsse

Alle Zutaten gut vermischen und kurze Zeit ziehen lassen.

Salat Mimosa

1 Portion:	*1 hartgekochtes Ei*
ohne Anrechnung	*gehackte Petersilie*

Ei grob hacken und mit Petersilie vermischen. Über einen fertigen Salat streuen (paßt zu Kopf-, Endivien- oder Feldsalat).

Spinatsalat

Ohne Anrechnung

gehobelte Mandeln
junge Spinatblätter
Joghurt- oder Rahmsauce

Die Mandeln in einer beschichteten Pfanne anrösten, den Spinat in Streifen schneiden. Alles mit Joghurt oder Rahmsauce vermischen.

Sauerkrautsalat

Ohne Anrechnung

junges Sauerkraut
Kümmel
gehackte Zwiebeln
einige Tropfen flüssiger Süßstoff
etwas Zitronensaft
Sonnenblumenöl

Sauerkraut, Kümmel und Zwiebeln mischen und mit Süßstoff, Zitronensaft und Sonnenblumenöl abschmecken.

Waldorfsalat

1 Portion:
D: ½ BE
CH: ½ GW, ½ OW

70 g geraffelter Sellerie
45 g geraffelter Apfel
einige grobgehackte Walnußkerne

Alle Zutaten mischen, mit Joghurtsauce anmachen und eventuell mit ganzen Walnüssen garnieren.

Geflügelsalat

1 Portion:
29 g E, 6 g F, 1 g KH
740 kJ / 177 kcal
D: 0 BE
CH: 2½ EW, ½ FW

100 g gekochtes Hühner- oder Truthahnfleisch
20 g Tomatenwürfel
15 g gewürfelte Paprikaschote
5 g Sonnenblumenöl
Essig
Salz, Paprikapulver, Estragon
1 TL gehackte Zwiebeln

Das Fleisch in Streifen schneiden und mit allen anderen Zutaten gut vermischen. Den Salat einige Zeit durchziehen lassen und dann servieren.

Linsensalat

1 Portion:	*80 g gekochte Linsen (34 g Rohgewicht)*
8 g E, 5 g F, 20 g KH	*1 TL gehackte Zwiebeln*
711 kJ / 170 kcal	*1 TL gehackte Petersilie*
D: 1½ BE	*1 TL Tomatenwürfelchen*
CH: ½ EW, ½ FW, 2 BW	*nach Belieben einige Schinkenwürfelchen*
	Salz
	Senf, Essig
	5 g Sonnenblumenöl

Alle Zutaten mischen und einige Zeit durchziehen lassen.

Bohnenkernsalat

1 Portion:	*80 g gekochte Bohnenkerne (34 g Rohgewicht)*
9 g E, 6 g F, 20 g KH	*1 TL feingeschnittenes Trockenfleisch*
744 kJ / 178 kcal	*1 EL gehackte Zwiebeln*
D: 1½ BE	*1 TL Schnittlauch*
CH: ½ EW, ½ FW, 2 BW	*etwas Weinessig*
	5 g Sonnenblumenöl
	Salz, Pfeffer, Thymian, Majoran

Alle Zutaten mischen und einige Zeit durchziehen lassen.

Salatsauce

(Für ca. 20 Portionen Salat)

Pro Portion:
2 g F, ½ g KH
104 kJ/25 kcal
D: 0 BE

300 g Gemüsebouillon ohne Fett
2 kleine Msp Agar-Agar-Pulver
1 Becher Joghurt nature (180 g)
3 TL Senf
Saft von 1 Zitrone
2—3 EL Essig
1 gestrichener TL Salz
Pfeffer, Paprikapulver
2 Tropfen flüssige Würze
3 EL Distelöl

Bouillon erhitzen und Agar-Agar-Pulver darin auflösen, etwa 1 Minute aufkochen und anschließend erkalten lassen. Die restlichen Zutaten in einer Schüssel vermischen und die leicht gelierte Bouillon darunterrühren.
Die Salatsauce in eine Flasche füllen und im Kühlschrank aufbewahren. Vor Gebrauch schütteln.
Beim Anmachen von Salat noch gehackte Küchenkräuter wie Estragon, Liebstöckel, Dill, Minze, Petersilie oder geschnittenen Schnittlauch sowie gehackte Zwiebeln beigeben.

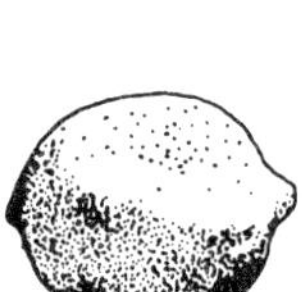

Vinaigrettesauce

(geeignet zu kaltem Siedfleisch, Ei oder Fisch)

Zutatenmenge nach Belieben	*Zwiebeln*
D: 0 BE	*Petersilie*
	kleine Gurken
	Kapern, Salz, Pfeffer
	Senf, Essig, Öl
	etwas Wasser
	gehacktes Ei
	gehackte Sardellen
	Tomatenwürfelchen

Zwiebeln, Petersilie, Gurken und Kapern hacken und mit den restlichen Zutaten vermischen.

Quark-Salatsauce

(für Rohkost, z. B Karotten, Sellerie, Rote Rüben)

Insgesamt:	*40 g Quark*
5 g E, 5 g F, 2 g KH	*1 EL Wasser*
322 kJ/77 kcal	*2 TL Zitronensaft*
D: 0 BE	*1 Msp Senf*
	gehackte Kräuter
	nach Belieben 1 Tropfen flüssiger Süßstoff
	1 TL Sonnenblumen- oder Distelöl

Alle Zutaten mischen und eventuell 1 kleine Prise Salz hinzufügen. Die Rohkost in die Marinade hineinreiben.

Quarkmayonnaise

(geeignet zu Fisch, kaltem Braten usw.)

(3 Portionen)

Pro Portion:
5 g E, 3 g F, 1 g KH
225 kJ / 54 kcal
D: 0 BE

100 g Magerquark
1 TL Zitronensaft
1 TL Essig
½ TL Senf
Salz
1 Msp Streuwürze
½ Eigelb
1 TL Sonnenblumen- oder Distelöl
frische gehackte Kräuter, je nach Geschmack
1 kleine gehackte Essiggurke
1 TL gehackte Kapern

Alle Zutaten vermischen und glattrühren.

Fleisch- und Geflügelgerichte

Gefüllter Truthahn

(10 Portionen)

Pro Portion:
52 g E, 22 g F, 8 g KH
1970 kJ / 470 kcal
D: 2/3 BE
CH: 5 EW, 2 FW, 3/4 BW

1 Truthahn (ca. 3 kg)
120 g Toastbrot
120 g Milch
25 g gewürfelter Räucherspeck
100 g gewürfelte Zwiebeln
200 g gehackte Champignons
1 Ei
3 EL Butter
1/2 l Bouillon
je 2 TL Salz, Salbei, Thymian und Rosmarin
1/2 TL Pfeffer
1/2 TL gemahlener Ingwer

Den Truthahn von den Innereien befreien. Für die Füllung Brot in Scheiben schneiden, toasten und würfeln. Milch erhitzen und die Brotwürfel darin einweichen. Inzwischen Speck und Zwiebeln anbraten und zusammen

mit den Champignons und dem Ei unter das eingeweichte Brot mischen. Die Gewürze und Kräuter miteinander verrühren und den Truthahn mit dieser Gewürzmischung innen und außen einreiben. Mit dem Rest die Füllung abschmecken. Den Truthahn füllen und die Haut zunähen, damit beim Braten nichts herausfällt. Den Truthahn in eine Reine legen, mit heißer Butter übergießen und mit Alufolie abdecken, im vorgeheizten Rohr bei 175°C (Gas Stufe 1½) 2 Stunden garen lassen. Die Folie abnehmen und den Truthahn 1 Stunde weiterbraten. Danach den Braten herausnehmen und tranchieren. Den Bratensatz mit Bouillon löschen und abseihen.
Nach Belieben können die Innereien mit einer Zwiebel in der Bouillon gekocht werden und kleingeschnitten der Sauce als Einlage beigegeben werden.

Hackbraten

(4 Portionen)

Pro Portion:
24 g E, 12 g F, 2 g KH
936 kJ/224 kcal
D: 0 BE
CH: 2 EW, 1 FW

400 g mageres Rinderhackfleisch
feingehackte Petersilie
1 gehackte kleine Zwiebel
Salz, Pfeffer, Rosmarin, Paprikapulver
1—2 Eier
10 g Öl
1 Karotte
½ Sellerie
1 Zwiebel gespickt mit 2 Gewürznelken
1 Lorbeerblatt
80 ml Fleischbrühe

Petersilie und die gehackte Zwiebel in etwas Öl andünsten und zusammen mit Salz, Pfeffer, Rosmarin, Paprikapulver und Eier zum Hackfleisch geben. Alles gut durchkneten. Danach ein Fleischbrett anfeuchten und den Fleischteig darauf zu einem länglichen Braten formen. 10 g Öl in einer Reine erhitzen und den Hackbraten darin von allen Seiten scharf anbraten. Anschließend Karotte, Sellerie, die bespickte Zwiebel und Lorbeer dazugeben und leicht bräunen lassen. Das Ganze mit Fleischbrühe löschen und im vorgeheizten Bratrohr etwa 45 Minuten garen. Den Hackbraten herausnehmen, aufschneiden und auf einer vorgewärmten Platte anrichten. Den Bratenfond entfetten, mit Salz und Pfeffer würzen und abseihen. Das Gemüse kann als Garnitur für den Braten verwendet werden.

Varianten:
- 2 hartgekochte, geschälte Eier in die fertige Hackfleischmasse einpacken
- aus der Fleischmasse Frikadellen formen

Piccata

1 Portion:
29 g E, 20 g F, 1 g KH
1354 kJ/323 kcal
D: 0 BE
CH: 3 EW, 2 FW

2—3 kleine Kalbsschnitzelchen, je ca. 40—50 g
Salz, Paprikapulver, Pfeffer
½ verquirltes Ei
20 g geriebener Käse (Sbrinz oder Parmesan)
1 EL Öl

Ei und Käse miteinander verquirlen. Fleisch mit Salz, Pfeffer und Paprika würzen und in der Eimasse wenden. Öl in einer Pfanne erhitzen und die Schnitzel darin auf beiden Seiten hellbraun braten.

Schweinsmedaillons an Champignon-Rahmsauce

(4 Portionen)

Pro Portion:
16 g E, 15 g F, 3 g KH
1012 kJ / 242 kcal
D: 0 BE
CH: 1½ EW, 1½ FW

8 Schweinsmedaillons à ca. 40 g
je ½ TL Salz, Pfeffer, Salbei und Rosmarin
1 TL Senf
1 zerdrückte Knoblauchzehe
etwas Paprikapulver
1 EL Öl
100 ml Weißwein
200 ml klare Bratensauce
1 gehackte Zwiebel (60 g)
1 kleine Dose geschnittene Champignons
etwas Butter
2 EL Sahne

Gewürze, Senf und Kräuter miteinander vermischen und die Medaillons damit einreiben. Öl in einer Pfanne erhitzen und das Fleisch auf beiden Seiten etwa 1 Minute anbraten, anschließend aus der Pfanne nehmen und warm stellen. Bratensatz mit Weißwein und Bratensauce löschen und das Ganze ein wenig einkochen lassen. In einer anderen Pfanne Butter erhitzen und die Zwiebel zusammen mit den Champignons dünsten, die Bratensauce dazugießen, nach Geschmack würzen und mit Sahne verfeinern. Die Medaillons in die Sauce geben und das Ganze nochmals erhitzen, aber nicht kochen lassen.
Anstelle von Champignons können auch Morcheln genommen werden.

Ente mit Orangen

Canard à l'orange

(6 Portionen)

Pro Portion:	*1 junge Ente (1½—2 kg)*
37 g E, 41 g F, 8 g KH	*Salz, Pfeffer, Majoran*
2461 kJ / 588 kcal	*Bratfett*
D: ½ BE	*1 Karotte*
CH: 3½ EW, 4 FW, ½ OW	*½ Sellerie*
	1 Zwiebel
	zerdrückte Pfefferkörner
	Lorbeerblatt, Nelke, Thymian, Rosmarin
	Weißwein
	klare Bratensauce
	100 g Orangensaft
	180 g Orangen (ohne Schale)

Ente mit Salz, Pfeffer und Majoran innen und außen würzen und in eine Reine geben; mit heißem Fett übergießen und auf starker Flamme anbraten. Karotte, Sellerie, Zwiebel, Pfefferkörner, Lorbeer, Nelke, Thymian und Rosmarin dazugeben und kurz mitbräunen. Anschließend die Ente im vorgeheizten Bratrohr etwa 1 Stunde garen lassen; dabei öfter mit Bratensaft begießen. Wenn der Braten gut durch ist, aus dem Rohr nehmen und warm stellen. Den Bratenfond mit Weißwein, klarer Bratensauce und Orangensaft ablöschen und etwas einkochen lassen. Die Sauce entfetten, durch ein Sieb seihen und je nach Geschmack würzen. Orangen in Scheiben schneiden und die tranchierte Ente damit garnieren. Die Sauce separat servieren.

Leberschnitte

1 Portion:	*15 g dünngeschnittene Zwiebelringe*
19 g E, 9 g F, 5 g KH	*5 g Öl*
803 kJ / 192 kcal	*1 Msp Butter*
D: 0 BE	*1 Leberschnitte (ca. 100 g)*
CH: 2 EW, ½ FW	*Pfeffer, Paprikapulver*
	gehackter Salbei
	Salz

Öl und Butter in einer Pfanne erhitzen, die Zwiebelringe darin goldgelb dünsten und anschließend aus dem Fett nehmen. Die Leberschnitte mit Pfeffer, Paprikapulver und Salbei würzen und in der Pfanne auf beiden Seiten braten. Anschließend salzen und mit den Zwiebelringen garnieren.

Rindsgulasch

(2 Portionen)

Pro Portion:	*10 g Öl*
22 g E, 12 g F, 4 g KH	*200 g magere Rindfleischwürfel*
1231 kJ / 294 kcal	*½ gehackte Zwiebel (40 g)*
D: 0 BE	*2 TL Tomatenmark*
CH: 2 EW, 1 FW*	*Salz, Paprikapulver, Pfeffer, Thymian*
	1 Tasse Wasser
	40 g Paprikaschotenwürfel
	2 EL Rotwein

Öl erhitzen und die Rindfleischwürfel von allen Seiten scharf anbraten. Zwiebel dazugeben und mitbräunen lassen. Danach Tomatenmark einrühren und das Ganze mit Salz, Paprikapulver, Pfeffer und Thymian abschmekken und mit Wasser löschen. Das Gulasch im Dampftopf

30 Minuten garen lassen. Zum Schluß Paprikaschoten und Rotwein hinzufügen, alles noch einige Minuten einkochen und gegebenenfalls noch einmal würzen.

Roastbeef nach Gärtnerinart

(6 Portionen)

Pro Portion (ohne Gemüse):	*750 g Roastbeef*
24 g E, 15 g F, 0 KH	*Salz, Pfeffer, Paprikapulver*
1112 kJ/266 kcal	*3 EL Öl*
D: 0 BE	*Gemüse nach Wahl: Blumenkohl, Erbsen, Tomaten, Blattspinat*
CH: 2½ EW, 1½ FW	*1 Schuß Weißwein*
	klare Bratensauce

Fleisch mit Salz, Pfeffer und Paprikapulver würzen. Währenddessen einen Bratentopf im Rohr bei 250°C sehr heiß werden lassen. Das Fleisch vorsichtig hineinlegen und auf der Oberseite mit erhitztem Öl bepinseln; etwa 10 Minuten anbraten lassen, bis das Roastbeef eine leichte Kruste hat. Dann wenden, die andere Seite mit Öl bepinseln und auch braun werden lassen. Danach die Hitze auf 220°C reduzieren und das Fleisch während der Garzeit hin und wieder mit dem Öl begießen. Man rechnet für 1 cm Fleischdicke etwa 30 Minuten Bratzeit. Währenddessen Gemüse wie gewohnt zubereiten. Das fertige Roastbeef zugedeckt noch etwa 10 Minuten ruhen lassen und dann erst aufschneiden, auf einer vorgewärmten Platte anrichten und mit dem Gemüse garnieren. Bratensatz mit Wein und klarer Bratensauce löschen und kurz aufkochen, abseihen und das Fett abschöpfen. Danach die Sauce nach Belieben abschmecken und separat servieren.

Saure Nieren

1 Portion:
17 g E, 11 g F, 2 g KH
845 kJ/202 kcal
D: 0 BE
CH: 1½ EW, 1 FW*

100 g entfettete Kalbsniere
5 g Öl
1 TL feingehackte Zwiebeln
2 EL klare Bratensauce
1 TL Essig
1 EL Rotwein
einige Tropfen Zitronensaft
Salz

Kalbsniere in feine Scheibchen schneiden und zusammen mit der Zwiebel in heißem Öl anrösten. Das Ganze aus der Pfanne nehmen und warm stellen. Rotwein, klare Bratensauce, Essig und Zitronensaft in die Pfanne geben und kurz aufkochen; mit Salz abschmecken. Zum Schluß die Nieren noch einmal mit der Sauce heiß werden lassen, aber nicht mehr kochen.

Zwiebelfleisch

1 Portion:
26 g E, 14 g F, 2 g KH
1062 kJ/254 kcal
D: 0 BE
CH: 2½ EW, 1½ FW*

1 Scheibe gekochtes, mageres Siedfleisch (ca. 100 g, am Vortag gekocht)
20 g Zwiebeln
5 g Butter
½ Tasse klare Bratensauce
Pfeffer, Paprika, Rosmarinpulver
1 Msp Senf
1 Msp Tomatenmark

Zwiebeln in der heißen Butter bräunen und anschließend mit einem Schaumlöffel aus der Pfanne nehmen.

Siedfleisch in feine Streifen schneiden und in der Pfanne von allen Seiten anbraten. Anschließend klare Bratensauce, Senf und Tomatenmark unterrühren und mit Pfeffer, Paprika und Rosmarin abschmecken. Das Ganze zugedeckt auf kleiner Flamme köcheln lassen. Vor dem Servieren die Zwiebeln über dem Fleisch verteilen.

Geschnetzeltes Hühnchen

1 Portion:
24 g E, 7 g F, 3 g KH
816 kJ / 195 kcal
D: 0 BE
CH: 2 EW, ½ FW

5 g Öl
100 g geschnetzeltes Hühnerfleisch
1 EL feingehackte Zwiebeln (20 g)
1 EL Weißwein
1—2 EL Wasser
etwas klare Bratensauce
Salz, Paprikapulver
1 TL Zitronensaft

Öl in einer Pfanne erhitzen und das Fleisch unter mehrmaligem Wenden scharf anbraten. Zwiebeln dazugeben und mitbräunen. Dann das Ganze aus der Pfanne nehmen und den Bratensatz mit Wein und Wasser aufgießen, klare Bratensauce hinzufügen. Alles kurz aufkochen und mit Salz, Paprikapulver und Zitronensaft abschmekken. Danach das Fleisch noch einmal in der Sauce erwärmen, aber nicht mehr kochen.

Sauerbraten

(5 Portionen)

Pro Portion:
21 g E, 11 g F, 0 g KH
832 kJ / 199 kcal
D: 0 BE
CH: 2 EW, 1 FW*

500—600 g Rindsbraten (Schulter)
150 ml Weinessig
200 ml Wein
200 ml Wasser
1 kleine Karotte
1 Stück Sellerie
Lauch
1 Zwiebel
2 Gewürznelken
einige Pfefferkörner
1 kleines Lorbeerblatt
1 EL Öl
Pfeffer, Thymian, Salz
200 ml klare Bratensauce
1 EL Sauerrahm

Den Rinderbraten in eine große Schüssel legen. Für die Beize Essig, Wein und Wasser vermischen. Karotte, Lauch und Zwiebel klein schneiden und dazugeben. Die Beize mit Nelken, Pfefferkörnern und Lorbeer würzen, aufkochen und wieder abkühlen lassen. Danach über das Fleisch gießen. Den Rinderbraten zugedeckt 4—5 Tage kühl stellen und täglich in der Beize wenden. Das Fleisch vor der Weiterverarbeitung aus der Beize nehmen und mit Küchenkrepp trockentupfen. Öl erhitzen, den Braten ringsum scharf anbraten und mit Pfeffer, Thymian und Salz würzen. Die Beize abseihen und 150 ml abmessen. Den Braten damit löschen und zugedeckt etwa 1¾ Stunden garen (im Dampftopf 35 Minuten). Das Fleisch herausnehmen und aufgeschnitten auf einer angewärmten Platte anrichten. Währenddessen die Sauce ein wenig einkochen lassen und zum Schluß den Sauerrahm hinzufügen.

Kalbsbries in Ei gebacken

(3 Portionen)

Pro Portion:
16 g E, 7 g F, 0 KH
601 kJ / 143 kcal
D: 0 BE
CH: 1½ EW, ½ FW

1 Kalbsbries (ca. 250 g)
ca. 1 l Wasser
Salz
½ Zwiebel
1 Karotte
1 Sellerie
1 kleines Lorbeerblatt
1 EL Essig
1 Ei
Pfeffer, Salz
10 g Butter oder Margarine

Das Kalbsbries blanchieren, d.h. in kaltem Wasser aufsetzen und zum Sieden bringen, kurz kochen und das Wasser abgießen.
Für den Sud Salzwasser mit Zwiebel, Karotte, Sellerie, Lorbeer und Essig zusammen etwa 10 Minuten kochen, danach die Hitze reduzieren und das Bries in den Sud legen, ziehen lassen (nicht kochen!). Nach 15 Minuten das Bries aus dem Topf nehmen und unter fließendem kalten Wasser von den äußeren Hautteilchen befreien. Das Fleisch trockentupfen und in etwa 1 cm dicke Scheiben schneiden.
Ei, Pfeffer und Salz miteinander verrühren und die Briesstücke darin wenden. Butter oder Margarine in einer Pfanne erhitzen und das Bries von allen Seiten langsam goldgelb backen.

Kaninchen Tessiner Art

(5 Portionen)

Pro Portion:
27 g E, 19 g F, 0 KH
1378 kJ/329 kcal
D: 0 BE
CH: 2½ EW, 2 FW

800 g Kaninchen, in Stücke zerteilt
Salz, Pfeffer
40 g Magerspeckwürfel
1 EL Kochfett oder Öl
2 Wacholderbeeren
2—3 frische Salbeiblätter
je 1 Zweiglein Rosmarin und Thymian
1 Glas Weißwein
½ Glas Wasser

Kaninchenstücke mit Salz und Pfeffer einreiben. Speckwürfel glasig braten und zusammen mit Kochfett, Wacholderbeeren, Salbei, Rosmarin und Thymian in eine Reine geben; mit den Fleischstücken im vorgeheizten Bratrohr etwa 30 Minuten anbraten, dabei immer wieder mit dem Bratfett übergießen. Mit Wasser und ½ Glas Weißwein löschen, danach das Ganze zudecken und 1 Stunde schmoren lassen, wobei das Fleisch ein- bis zweimal gewendet und mit der Flüssigkeit übergossen werden muß. Wenn das Fleisch gar ist, herausnehmen, die Sauce abseihen und in einem kleinen Topf warm halten. Das Fleisch sollte ohne Deckel noch etwa 5 Minuten im Rohr braten. Kurz vor dem Servieren den restlichen Wein in die Sauce rühren, nach Geschmack würzen und das Ganze über die Kaninchenstücke gießen.

Curryhuhn mit Banane

(8 Portionen)

Pro Portion:
30 g E, 12 g F, 8 g KH
1175 kJ/281 kcal
D: 2/3 BE
CH: 3 EW, 1 FW, 3/4 OW

1 Huhn (1,2—1,5 kg)
1 EL Öl
2 gehackte Zwiebeln (ca. 100 g)
1 kleine Dose blättrig geschnittene Champignons
2 TL Currypulver
250 g Hühnerbouillon (aus Brühwürfel)
10 g Mehl
3—4 EL Sahne (40 g)
260 g Banane (Gewicht mit Schale)
1 TL Butter

Geflügel in 8 Stücke zerteilen. Öl in einer Reine heiß werden lassen und die Hühnerteile darin von allen Seiten scharf anbraten. Zwiebeln und Champignons hinzugeben; das Ganze mit Currypulver bestreuen und mit Bouillon löschen (das Fleisch soll ganz von der Flüssigkeit bedeckt sein). 25—30 Minuten auf kleiner Flamme schmoren lassen. Wenn die Geflügelteile durch sind, aus der Sauce nehmen und warm stellen. Mehl und Sahne miteinander verrühren, langsam unter Rühren in die Sauce gießen und einmal aufkochen lassen. Das Fleisch in der Sauce erwärmen. Inzwischen die Bananen schälen, der Länge nach halbieren und in der erhitzten Butter anbraten. Das Geflügel mit der Sauce auf einer Platte anrichten und mit den Bananenscheiben garnieren.

Kalbsbraten gratiniert
Veau gratiné

(6 Portionen)

Pro Portionen (inkl.
Sauce):
29 g E, 17 g F, 9 g KH
1369 kJ / 327 kcal
D: 1/3 BE
CH: 3 EW, 1 1/2 FW, 1/2 BW

600 g Kalbfleisch (falsches Filet)
Salz, Pfeffer, Streuwürze, Paprikapulver, Senf
1 EL Öl
1 Karotte
1 gespickte Zwiebel (1 Lorbeerblatt, 2 Nelken)
Rosmarin
200 g Bouillon
50 g Weißwein
250 g Béchamelsauce (siehe nächstes Rezept)
100 g geriebenen Greyerzerkäse
100 g gehackte Champignons
10 g Butterflöckchen

Fleisch mit Salz, Pfeffer, Streuwürze, Paprika und Senf würzen. 1 EL Öl in einem großen Bratentopf erhitzen und das Fleisch von allen Seiten kurz anbraten. Karotte, bespickte Zwiebel und Rosmarin hinzugeben und das Ganze mit der Bouillon und Weißwein löschen. Fleisch unter mehrmaligem Wenden im vorgeheizten Bratrohr schmoren lassen. Wenn das Fleisch gar ist, herausnehmen, abkühlen lassen und in etwa 1 cm dicke Scheiben schneiden. Die Béchamelsauce mit einem Teil des Bratensaftes verrühren, 30 g Greyerzerkäse und die Champignons dazumischen. Eine feuerfeste Form einbuttern und ein Drittel der Sauce hineingießen, die Fleischscheiben schuppenartig darüber anordnen, dabei je 1 EL der Sauce zwischen die Scheiben geben. Den Rest der Sauce über dem Braten verteilen, den übrigen Bratensaft darübergießen. Den geriebenen Käse und die Butterflöckchen darüberstreuen. Den Kalbsbraten bei starker Hitze im Bratrohr überbacken.

Béchamelsauce

Insgesamt:	*15 g Butter*
10 g E, 22 g F, 23 g KH	*15 g Mehl*
1622 kJ / 337 kcal	*250 g Milch*
D: 2 BE	*Salz, Muskat, weißer Pfeffer*
CH: 2 FW, 2 BW	*1 Lorbeerblatt*

Mehl in der geschmolzenen Butter anschwitzen, mit Milch löschen. Glattrühren und mit Salz, Muskat, weißem Pfeffer und Lorbeer würzen. Wenn die Sauce noch Klümpchen hat, kann man sie durch ein Sieb passieren.

Kalbshaxe

1 Portion:
28 g E, 8 g F, 5 g KH
964 kJ / 230 kcal
D: ohne anrechenb. KH
CH: 2½ EW, ½ FW

1 Kalbshaxe
Salz, Streuwürze, Pfeffer, Rosmarin
5 g Öl
1 TL gehackte Zwiebeln
1 TL Karottenwürfel
1 TL Selleriewürfel
1 EL Weißwein
50 g Bouillon oder klare Bratensauce
1 kleine gewürfelte Tomate
oder 1 TL Tomatenmark

Die Haxe vom Mark befreien und mit Salz, Streuwürze, Pfeffer und Rosmarin einreiben. Öl erhitzen und die Haxe von allen Seiten scharf anbraten. Zwiebeln, Karotten- und Selleriewürfel dazugeben und mit anrösten. Das Ganze mit Weißwein und Bouillon oder Bratensauce löschen. Tomatenstückchen oder Tomatenmark einrühren und alles mit geschlossenem Deckel etwa 1 Stunde schmoren lassen. Von Zeit zu Zeit muß die Haxe umgedreht werden. Zum Schluß wird die Sauce durchpassiert und wieder über das Fleisch gegossen.

Schinkenrollen mit Brät gefüllt

1 Portion:
24 g E, 23 g F, 1 g KH
1385 kJ / 331 kcal
D: 0 BE
CH: 2½ EW, 2½ FW*

60 g Kalbsbrät
20 g gehackte Essiggurken
je 1 TL feingehackte Zwiebeln,
Petersilie und Kapern
2 Scheiben fettarmer Schinken
etwas milde Bouillon
1 EL Weißwein

Kalbsbrät, Essiggurken, Zwiebeln, Petersilie und Kapern gut miteinander vermischen. Die Schinkenscheiben gleichmäßig mit dieser Masse bestreichen und zusammenrollen. Die Schinkenrollen mit der Öffnung nach unten in eine kleine feuerfeste Form setzen und Bouillon und Weißwein angießen. Das Ganze etwa 15 Minuten im vorgeheizten Rohr garen.

Tournedos Försterin Art

(4 Portionen)

Pro Portion:	*20 g getrocknete Morcheln*
32 g E, 22 g F, 4 g KH	*1 EL Öl*
1592 kJ / 380 kcal	*1 gehackte Zwiebel (100 g)*
D: 0 BE	*Salz, Pfeffer*
CH: 3 EW, 2 FW	*1—2 EL Weißwein*
	80 g Magerspeckscheiben
	4 Tournedos à 150 g
	Paprikapulver
	3 EL Madeira

Morcheln gründlich waschen, 12 Stunden in kaltem Wasser quellen und anschließend gut abtropfen lassen.
Öl in einer Pfanne erhitzen und die Zwiebeln zusammen mit den Morcheln darin dämpfen; mit Salz und Pfeffer würzen und mit Weißwein aufgießen. Danach die Sauce warm halten. Inzwischen Magerspeckscheiben rösten, die Tournedos mit Salz, Pfeffer und Paprikapulver würzen und in einer anderen Pfanne auf beiden Seiten 3—5 Minuten scharf anbraten. Das Fleisch auf einer Platte anrichten, den Fond mit Madeira löschen und mit der Morchelsauce vermischen. Die Sauce über das Fleisch gießen und die Speckstückchen darüber anordnen.

Rehpfeffer

1 Portion:	
22 g E, 8 g F, 7 g KH	
912 kJ/218 kcal	
D: ohne anrechenb. KH	
CH: 2 EW, ½ FW	

100—120 g fertig gebeizter Rehpfeffer
5 g Öl
1 kleine gehackte Zwiebel
2 TL gewürfelte Karotte
2 TL kleingeschnittener Lauch
2 TL gewürfelter Sellerie
½ Tasse Marinade
1 EL Rotwein
klare Bratensauce oder Bouillon
Salz, Thymian
1 TL Sahne

Fleisch aus der Marinade nehmen und trockentupfen. Öl in einer Pfanne erhitzen und das Fleisch ringsum gut anbraten. Zwiebel, Karotte, Lauch und Sellerie hinzufügen und mitbräunen lassen. ½ Tasse der Marinade mit Rotwein und Bratensauce oder Bouillon vermischen und über das Fleisch gießen (es soll vollkommen bedeckt sein). Das Ganze mit Salz und Thymian abschmecken und zugedeckt langsam schmoren lassen. Die Sauce muß dabei eindicken. Rehpfeffer herausnehmen und die Sauce durchpassieren, mit der Sahne verfeinern und gegebenenfalls noch einmal abschmecken. Zum Schluß das Fleisch noch einmal in der Sauce ziehen lassen, aber nicht mehr kochen.

Gebratene Hammelkeule

(8 Portionen)

Pro Portion:
33 g E, 38 g F, 4 g KH
2207 kJ / 527 kcal
D: 0 BE
CH: 3½ EW, 4 FW*

1 Hammelkeule (1½—2 kg)
Senf
Salz, Pfeffer, Knoblauchpulver,
Rosmarin, Estragon, Thymian
30 g Öl
1 gehackte Zwiebel
2 gewürfelte Karotten
100 ml Weißwein
300 ml klare Bratensauce
100 g Sauerrahm

Gewürze, Kräuter und Senf miteinander vermischen und die Hammelkeule damit einreiben. Das Fleisch in eine Reine legen, mit heißem Öl übergießen und im auf 220°C vorgeheizten Bratrohr von allen Seiten braun werden lassen. Nach etwa 20—25 Minuten die Hitze auf 180°C reduzieren und die gehackte Zwiebel sowie die Karottenwürfel dazugeben. Nach weiteren 70—80 Minuten Garzeit (pro Pfund rechnet man etwa 20 Minuten), das Fleisch herausnehmen und vor dem Tranchieren ein paar Minuten ruhen lassen. Weißwein und Bratensauce zu dem Fond gießen und den Bratensatz auflösen. Das Ganze einmal aufkochen lassen und anschließend abseihen. Sauerrahm darunterrühren, die Sauce nach Belieben würzen und separat servieren.

Gulaschsuppe

(4 Portionen)

Pro Portion:	*1 EL Öl*
23 g E, 10 g F, 10 g KH	*400 g magere Rindfleischwürfel (ca. 2 cm dick)*
963 kJ / 230 kcal	*100 g in Streifen geschnittene Zwiebeln*
D: ½ BE	*1—2 feingehackte Knoblauchzehen*
CH: 2½ EW, 1 FW, ½ BW + ½ GW	*2 EL Paprikapulver*
	½ TL Kümmel
	½ TL Majoran
	Salz, Pfeffer
	1 l heißes Wasser oder Bouillon
	1 in Streifen geschnittene Paprikaschote (ca. 100 g)
	100 g geschälte, geviertelte Tomaten
	100 g Kartoffelwürfel

Rindfleischwürfel, Zwiebeln und Knoblauch im heißen Öl in einem offenen Topf dämpfen, mit Paprikapulver, Kümmel, Majoran, Salz und Pfeffer würzen und nach und nach ¼ l heißes Wasser oder Bouillon angießen. Das Ganze anschließend zugedeckt auf kleiner Flamme 1¾ Stunden köcheln lassen. Paprikaschoten, Kartoffeln und Tomaten sowie ¾ l heißes Wasser oder Bouillon hinzugeben und alles weitere 30 Minuten kochen. Eventuell vor dem Servieren noch einmal abschmecken.

Irischer Lammeintopf

Irish stew

1 Portion:
26 g E, 22 g F, 30 g KH
2142 kJ/512 kcal
D: $1\frac{2}{3}$ BE
CH: $2\frac{1}{2}$ EW, 2 FW, 2 BW
+ 1 GW

100—120 g mageres Lammfleisch (Keule)
100—200 g Wasser
Salz, Pfeffer, Paprikapulver
20 g Karotten
20 g Lauch
20 g Sellerie
50 g Champignons
100 g Weißkraut oder Wirsing
100 g Kartoffeln
30 g gehackte Zwiebeln
etwas zerdrückter Knoblauch
fettarme Bouillon
evtl. 1 TL Sauerrahm

Das Fleisch in kleine Ragoutstücke schneiden. Wasser zum Kochen bringen, die Fleischstücke, Salz, Pfeffer und Paprika hineingeben und zugedeckt halb weich kochen. Inzwischen alle Gemüse und die Kartoffeln würfeln und mit den Zwiebeln und dem zerdrückten Knoblauch vermischen. Das Ganze zum Fleisch geben und fettarme Bouillon aufgießen, so daß alles gerade mit Flüssigkeit bedeckt ist. Das Stew zugedeckt 20—30 Minuten garen. Vor dem Servieren mit Sauerrahm verzieren.

Rindsbolognese mit Pilzen

1 Portion:	*5 g Öl*
22 g E, 12 g F, 6 g KH	*20 g gehackte Zwiebeln*
1079 kJ / 258 kcal	*80—100 g mageres Rindshackfleisch*
D: ohne anrechenb. KH	*1 EL Tomatenmark*
CH: 2 EW, 1 FW*	*Salz, Pfeffer, Paprikapulver*
	feingehackter Knoblauch
	1 EL Rotwein
	etwas Wasser
	50 g geschnittene Pfifferlinge oder Champignons aus der Dose

Öl erhitzen, die Zwiebeln darin bräunen, das Hackfleisch hinzugeben und scharf anbraten. Tomatenmark einrühren und das Ganze mit Salz, Pfeffer, Paprikapulver und Knoblauch würzen. Rotwein und etwas Wasser angießen und alles zugedeckt 20—30 Minuten kochen. Die Sauce soll ziemlich einkochen. Zum Schluß die Pilze beigeben.

Fischgerichte

Karpfen blau

(4 Portionen)

Pro Portion:	
23 g E, 6 g F, 0 KH	
667 kJ / 162 kcal	
D: 0 BE	
CH: 2 EW	

1 Karpfen (ca. 1 kg)
Zitronensaft
50 g Essig
1 Zitrone

Für den Fischsud:
1—1½ l Wasser
1 Zwiebel
1 Bund Petersilie
je 1 Stück Karotte, Sellerie, Lauch (nur das Weiße)
1 TL Salz
1 Lorbeerblatt
2 Gewürznelken
zerdrückte Pfefferkörner
½ Glas Weißwein

Karpfen ausnehmen, waschen, schuppen und mit Zitronensaft beträufeln. Für den Sud Wasser, Zwiebel, ½ Bund

Petersilie, Karotte, Sellerie, Lauch, Salz, Lorbeerblatt, Nelken, Pfefferkörner und Weißwein in einen großen Topf geben. Zum Kochen bringen und 20 Minuten ziehen lassen. Währenddessen den Fisch mit Essig übergießen und dann in den fertigen Sud legen. Alles auf den Siedepunkt bringen und anschließend — je nach Größe des Karpfens — 15—20 Minuten ziehen lassen. Wenn sich die Rückenflosse leicht lösen läßt, ist der Fisch gar und kann auf einer vorgewärmten Platte angerichtet werden. Mit Zitronenachteln und Petersiliensträußchen garnieren.

Schollenfiletröllchen mit Dillsauce

(4 Portionen)

Pro Portion:
23 g E, 15 g F*, 3 g KH
1142 kJ/273 kcal
D: 0 BE
CH: 2½ EW, 1½ FW, ⅓ MW

4 Schollenfilets à ca. 200 g
50 g Zitronensaft
1 Bund frischer Dill
100—150 g Weißwein

Für die Sauce:
3 Eigelb
250 g Kaffeesahne (15 %) oder Halbrahm (25 %)
Salz, Pfeffer

Die Schollenfilets waschen, trockentupfen, mit Zitronensaft beträufeln und salzen. Dillspitzen vom Stiel zupfen und die Hälfte über die Filets verteilen. Die Fische zusammenrollen, mit Zahnstochern feststecken und nebeneinander in einen Topf setzen. 50—100 g Weißwein angießen und 7—8 Minuten zugedeckt köcheln lassen. Für die Sauce Eigelb und Kaffeesahne oder Rahm verkleppern und unter ständigem Rühren langsam erhitzen. Den Topf vom Herd nehmen und nach und nach 50 g

Weißwein und ein wenig von dem Fischfond einrühren, bis die Sauce die gewünschte Konsistenz hat. Mit Salz und Pfeffer abschmecken und den Rest der Dillspitzen daruntermischen. Die Fischröllchen auf einer vorgewärmten Platte anrichten und mit der Sauce übergießen.

Flundernfilets »Sultan«

(4 Portionen)

Pro Portion:
25 g E, 11 g F, 1 g KH
874 kJ/209 kcal
D: 0 BE
CH: 2½ EW, 1 FW

500 g Flundernfilets
Zitronensaft
gehackte Petersilie

Für die Garnitur:
1 EL geschälte, gehobelte Mandeln
1 EL rote Peperoniwürfelchen
½ EL Salzgurkenwürfelchen
½ EL kleine Zitronenwürfelchen
Salz, Pfeffer
2 Eier
10 g Öl
10 g Butter

Zitronensaft und Petersilie vermischen, die Fischfilets hineingeben und etwa 1 Stunde in dieser Marinade ziehen lassen (gelegentlich wenden). Danach die Filets mit Küchenkrepp trockentupfen und mit Salz und Pfeffer würzen. Die Eier verrühren und den Fisch darin wenden. Öl und Butter in einer Pfanne erhitzen, die Fischfilets goldgelb ausbacken und anschließend auf einer Platte anrichten und warm stellen. Die Mandelblätter in einer beschichteten Pfanne anrösten, Gurken-, Peperoni- und Zitronenwürfelchen dazugeben. Alles rasch erwärmen und über den Fischfilets verteilen.

Felchen in der Folie

(4 Portionen)

Pro Portion:	
23 g E, 11 g F, 1 g KH	
872 kJ / 208 kcal	
D: 0 BE	
CH: 2½ EW, 1 FW	

4 Felchen (à 200—220 g)
Salz, Pfeffer, Thymian, Majoran, Rosmarin und Salbei
20 g zerlaufene Butter
2 EL Zitronensaft
2 TL Worcestersauce
100 g geschnittene Pfifferlinge
4 Blatt starke Alufolie, ca. 30 × 40 cm
1 EL Öl

Fische innen und außen mit Salz und Pfeffer würzen. Thymian, Majoran, Rosmarin und Salbei mit der zerlassenen Butter, Zitronensaft, Worcestersauce und den Pfifferlingen gut vermischen. Damit die Fische füllen. Alufolie mit Öl bestreichen, je einen Fisch darauflegen und gut schließen. Die Päckchen auf den heißen Grill legen. Sobald sie aufgehen — in etwa 15—20 Minuten —, ist der Fisch fertig. Die Folienpakete auf Teller verteilen und mit einer Schere oder einem scharfen Messer aufschneiden.

Kleine Zwischengerichte und Beilagen

Kartoffelauflauf

1 Portion:	*125 g gekochte, geschälte Kartoffeln*
23 g E, 16 g F, 29 g KH	*100 g Milch*
1552 kJ/371 kcal	*1 Ei*
D: 2½ BE	*Salz, Pfeffer, Muskat*
CH: 2 EW, 1½ FW*,	*40 g geriebener Halbfettkäse*
3 BW	*40 g geriebener Greyerzerkäse*

Kartoffeln in feine Scheiben schneiden und in eine Auflaufform schichten. Milch mit Ei, Salz, Pfeffer und Muskat verrühren und über die Kartoffeln gießen. Die beiden Käsearten vermischen und darüberstreuen. Den Auflauf bei mittlerer Hitze etwa 30 Minuten im Backofen goldbraun backen.

Variante:
20—30 g Schinkenwürfelchen oder 2 EL Blattspinat untermischen.

Bunter Käsesalat

1 Portion:	
26 g E, 21 g F, 4 g KH	
1615 kJ/386 kcal	
D: 0 BE	
CH: 2 EW, 2 FW*	

40 g Emmentalerkäse
40 g Viertelfettkäse
30 g Radieschenscheiben
30 g Gewürzgurke, in Würfel
50 g Tomatenwürfelchen
2 schwarze Oliven, in Stückchen geschnitten
1 TL feingehackte Zwiebeln
Schnittlauch
1 TL Essig
etwas Senf
Pfeffer
5 g Sonnenblumenöl

Käse blättrig schneiden und mit den übrigen Zutaten gut vermischen. Alles durchziehen lassen.

Tofubratlinge

(2 Portionen)

Pro Portion:	
15 g E, 14 g F, 4 g KH	
866 kJ/207 kcal	
D: 0 BE	
CH: 1½ EW, 1½ FW*	

200 g Tofu
1 TL geriebener Sellerie
1 TL geriebene Karotte
gehackte Petersilie
1 TL feingehackte, gedämpfte Zwiebeln
Salz, Pfeffer, Curry, Streuwürze
1 Ei
10 g Öl

Tofu fein hacken und mit den restlichen Zutaten außer dem Öl vermischen. Die Masse kräftig durchrühren und zu zwei Bratlingen formen. Öl in einer Pfanne erhitzen und die Tofulaibchen langsam von beiden Seiten backen.

Spanisches Omelett

1 Portion:
17 g E, 17 g F, 10 g KH
1200 kJ / 287 kcal
D: ¼ BE
CH: 1½ EW, 1½ FW*, 1 GW

30 g Paprikastreifen
50 g grüne Bohnen, in 3 cm lange Stücke geschnitten
50 g Tomate geschält, in Streifen geschnitten
30 g Erbsen (Dose)
2 Eier
1 EL Milch
Salz
5 g Sonnenblumenöl
schwarzer Pfeffer
gehackte Petersilie

Paprikastreifen und Bohnen in wenig Salzwasser weich kochen. Tomaten und Erbsen mit in den Topf geben und alles warm halten. Die Eier mit Milch verschlagen und mit ein wenig Salz würzen. Sonnenblumenöl in einer Pfanne erhitzen und die Eimasse auf beiden Seiten zu einem runden Omelett backen. Das Gemüse darüber anrichten und schwarzen Pfeffer und gehackte Petersilie darüberstreuen.

Pfannkuchen

1 Portion:	*25 g dunkles Mehl*
18 g E, 24 g F, 20 g KH	*50 g Milch*
1619 kJ/387 kcal	*2 Eier*
D: 1½ BE	*Salz*
CH: 1½ EW, 2 FW*,	*½ TL Weizenkleie*
2 BW	*1 TL gehackte Petersilie*
	10 g Öl

Alle Zutaten bis auf das Öl mit einem Schneebesen zu einem glatten Teig verrühren. 5 g Öl in einer Omelettepfanne erhitzen und die Hälfte des Teigs von beiden Seiten zu einem goldgelben Pfannkuchen backen. Den Rest des Teiges im übrigen Öl ausbacken.

Käseschnitte

1 Portion:	*60 g geriebener Tilsiter, halbfett*
23 g E, 14 g F, 20 g KH	*½ Ei*
1326 kJ/317 kcal	*Paprikapulver*
D: 1½ BE	*1 Scheibe Graubrot (40 g)*
CH: 2 EW, 1½ FW*,	*etwas Weißwein*
2 BW	

Käse, Ei und Paprikapulver zu einer dicken Masse verrühren. Das Brot mit Weißwein anfeuchten, mit der Käsemasse bestreichen und auf ein gebuttertes Backblech legen. Im vorgeheizten Rohr bei guter Oberhitze in 5 bis 10 Minuten goldbraun backen.

Kartoffel-Gurkensalat

1 Portion:	*150 g geschälte Pellkartoffeln*
4 g E, 5 g F, 29 g KH	*etwas feingehackte Zwiebeln*
778 kJ / 186 kcal	*Senf*
D: 2⅓ BE	*Salz, Pfeffer*
CH: ½ FW, 3 BW	*Essig*
	ca. 50 g heiße helle Bouillon
	5 g Sonnenblumenöl
	Schnittlauch
	50—100 g frische dünne Gurkenscheiben

Pellkartoffeln in Scheiben schneiden, Zwiebeln darübergeben. Senf, Salz, Pfeffer, Essig und Bouillon miteinander vermischen und über die Kartoffeln gießen. Sonnenblumenöl und Schnittlauch dazugeben. Den Salat vorsichtig mischen und 10 Minuten ziehen lassen. Gurkenscheiben unterziehen und den Salat lauwarm servieren.

Rösti von rohen Kartoffeln

1 Portion:	*100 g rohe geschälte Kartoffeln*
2 g E, 4 g F, 19 g KH	*5 g Butter*
523 kJ / 125 kcal	*Salz*
D: 1½ BE	*1 TL Kümmel, nach Belieben*
CH: ½ FW, 2 BW	

Butter in einer Pfanne erhitzen und die Kartoffeln mit der Röstiraffel hineinreiben. Salz und Kümmel darüberstreuen. Die Pfanne zudecken und die Kartoffeln 5 Minuten bei mittlerer Hitze bräunen, dann wenden und auf der anderen Seite 2 Minuten braten.

Buchweizen

(2 Portionen)

Pro Portion:	*1 TL Öl*
3 g E, 3 g F, 21 g KH	*1 TL gehackte Zwiebeln*
519 kJ / 124 kcal	*55 g Buchweizenkörner*
D: 1¾ BE	*120 g Wasser*
CH: 2 BW	*Salz, Streuwürze*
	gehackte Petersilie

Zwiebeln in Öl glasig dünsten, Buchweizenkörner und Wasser untermischen. Das Ganze mit Salz und Streuwürze abschmecken und zugedeckt auf kleiner Flamme 15 Minuten weich kochen. Anschließend Petersilie untermischen.

Gegebenenfalls kann erkalteter Buchweizen mit etwas Butter in der Pfanne geröstet werden.

Berny-Kartoffeln

(2 Portionen)

Pro Portion:	*200 g gekochte Salzkartoffeln*
10 g E, 32 g F, 22 g KH	*2 Eier*
1815 kJ / 434 kcal	*Salz, Muskat*
D: 1¾ BE	*1 EL gehackte Trüffeln*
CH: 3 FW*, 2 BW	*1 EL Mandelsplitter*
	Öl zum Ausbacken

Die gekochten Kartoffeln durch die Kartoffelpresse treiben. 1 Ei trennen und das Eigelb zusammen mit den Trüffeln und je 1 Prise Salz und Muskat unter die Kartoffelmasse mischen. Aus dem Teig 6 gleichgroße Kugeln formen, in einem verquirlten Ei und anschließend in den

Mandelsplittern wälzen. Öl erhitzen und die Kartoffelkugeln goldgelb ausbacken. Anschließend die Kugeln auf Küchenkrepp abtropfen lassen.

Kartoffelplätzchen

(2 Portionen)

Pro Portion:	*200 g gekochte Salzkartoffeln*
4 g E, 7 g F, 19 g KH	*1 Eigelb*
849 kJ/203 kcal	*Salz, Muskat, Streuwürze*
D: 1½ BE	*feingehackte Petersilie*
CH: ½ FW, 2 BW	*Majoran*
	10 g Butter

Die gekochten Kartoffeln durch die Kartoffelpresse treiben; Eigelb, Salz, Muskat, Streuwürze, Petersilie und Majoran daruntermischen. Aus der Masse gleichgroße Plätzchen formen und in der Butter langsam goldgelb ausbacken.

Savoyarde-Kartoffeln

1 Portion:	*100 g geschälte Kartoffeln*
6 g E, 3 g F, 19 g KH	*2 EL Bouillon*
535 kJ/128 kcal	*10 g geriebener Parmesankäse*
D: 1½ BE	
CH: 2 BW	

Kartoffeln in 2 mm dünne Scheiben schneiden und in einer gefetteten Auflaufform verteilen. Bouillon dazugeben und den Käse darüberstreuen. Das Ganze im vorgeheizten Backofen backen, bis die Kartoffeln weich sind und eine goldbraune Farbe angenommen haben.

Raclette-Kartoffeln

1 Portion:
23 g E, 23 g F, 31 g KH
1882 kJ/450 kcal
D: 2½ BE
CH: 2 EW, 2½ FW*, 3 BW

80 g Raclettekäse in Scheiben
150 g geschälte Pellkartoffeln (evtl. auch vom Vortag)

Raclettekäse auf einer feuerfesten Platte verteilen und schmelzen. Die in Scheiben geschnittenen Kartoffeln darübergeben. Auf dem Herd das Ganze noch einmal heiß werden lassen und direkt von der feuerfesten Platte essen.

Variante:
Die geschälten, halbierten Kartoffeln auf eine gebutterte, feuerfeste Platte setzen, auf jede Kartoffelhälfte eine Scheibe Raclettekäse geben. In den vorgewärmten Backofen schieben und den Käse schmelzen lassen.

Beilage (frei erlaubt):
Perlzwiebeln in Essig, Essiggurken und Mixed Pickles.

Schloßkartoffeln

Pro Portion:
3 g E, 10 g F, 28 g KH
938 kJ/223 kcal
D: 2⅓ BE
CH: 1 FW, 3 BW

150 g kleine geschälte, oval geschnittene Kartoffeln
Öl
Salz

Die Kartoffeln blanchieren. Öl erhitzen und die blanchierten Kartoffeln langsam darin braten und anschließend gut abtropfen lassen. Zum Schluß werden die Schloßkartoffeln je nach Geschmack gesalzen.

Bäckerinkartoffeln

1 Portion:	*100 g Kartoffeln, geschält*
3 g E, 10 g F, 23 g KH	*10 g Öl*
848 kJ/202 kcal	*30 g Zwiebeln*
D: 2 BE	*Salz*
CH: 1 FW, 2 BW	

Kartoffeln in Scheiben schneiden und blanchieren. Öl in einer Pfanne erhitzen, die blanchierten Kartoffeln hinzugeben und braten. Kurz bevor sie fertig sind, Zwiebeln hinzugeben und mitbräunen lassen. Zum Schluß salzen.

Bircherkartoffeln

1 Portion:	*Kümmel, Salz*
3 g E, 5 g F, 28 g KH	*2 Kartoffeln (mit der Schale) à 75 g*
736 kJ/176 kcal	
D: 2½ BE	
CH: 3 BW	

Etwas Kümmel und Salz auf ein geöltes Backblech streuen. Die gut gewaschenen Kartoffeln der Länge nach halbieren, mit der Schnittfläche nach unten aufs Blech setzen und im vorgeheizten Ofen bei mittlerer Hitze 40 Minuten garen.

Gebackene Kartoffelkrapfen

Pommes dauphine

(6 Portionen)

Pro Portion:
5 g E, 19 g F, 20 g KH
1158 kJ/276 kcal
D: 1½ BE
CH: 2 FW, 2 BW

Für den Brandteig:
100 g Wasser
20 g Butter
Salz
60 g Mehl
2 Eier

Für die Kartoffelmasse:
500 g gekochte Salzkartoffeln
20 g Butter
1 Eigelb
Muskat, Salz

Für den Brandteig Wasser mit Butter und 1 Prise Salz zum Kochen bringen und das Mehl auf einmal dazuschütten. Das Ganze so lange mit dem Kochlöffel rühren, bis sich die Masse vom Boden des Topfes löst. Anschließend vom Herd nehmen und nach und nach die Eier untermischen. Die gekochten Salzkartoffeln durch die Kartoffelpresse treiben und mit 1 Eigelb, 20 g weicher Butter, Muskat und Salz verrühren. Die Kartoffelmasse und den Brandteig gut miteinander verrühren und mit zwei Teelöffeln aus dem Teig kleine Klößchen formen. Die Klößchen in der Friteuse ausbacken und auf Küchenkrepp abtropfen lassen.

Kartoffel-Kroketten

Pommes croquettes

(6 Portionen)

Pro Portion:	
3 g E, 15 g F, 19 g KH	
965 kJ/230 kcal	
D: 1½ BE	
CH: 1½ FW, 2 BW	

600 g gekochte Salzkartoffeln
20 g Butter
2 Eigelb
Salz, Muskat
Friturefett

Salzkartoffeln durch die Kartoffelpresse treiben; mit Butter, Eigelb, Salz und Muskat vermischen und zu kleinen ca. 2 cm dicken und 4 cm langen Röllchen formen. Die Kroketten in Öl fritieren und auf Küchenkrepp abtropfen lassen.

Linsen

Pro Portion:	
9 g E, 6 g F, 23 g KH	
845 kJ/202 kcal	
D: 1½ BE	
CH: ½ EW, ½ FW, 2 BW	
1 ½ GW	

1 schwacher TL Öl
1 TL gehackte Zwiebeln
je 20 g Karotten-, Sellerie- und Lauchwürfelchen
34 g rohe Linsen
150 g milde Bouillon
1 EL Rotwein
1 TL Essig

Zwiebeln in heißem Öl leicht bräunen. Karotten, Sellerie und Lauch hinzugeben und mitdünsten. Linsen waschen, abtropfen lassen und ebenfalls in den Topf geben. Das Ganze mit Bouillon aufgießen und zugedeckt 40 Minuten kochen (im Dampftopf 6 Minuten). Zum Schluß Rotwein und Essig beifügen, alles noch einmal abschmekken und einige Minuten ziehen lassen.

Maroni (Kastanien)

1 Portion:	*50 g klare Bratensauce*
2 g E, 6 g F, 21 g KH	*5 g Butter*
675 kJ / 161 kcal	*50 g tiefgekühlte Kastanien*
D: 1¾ BE	
CH: ½ FW, 2 BW	

Die Bratensauce erhitzen. Die Butter dazugeben. Die Kastanien in die Sauce geben und auf kleiner Flamme 3—4 Minuten leicht kochen. Nicht zuviel rühren.
Die Kastanien können in einem Menü die Kartoffeln ersetzen, 50 g geschälte Kastanien entsprechen 100 g Kartoffeln.

Weiße Bohnen mit Tomaten concassées

(2 Portionen)

Pro Portion:	*68 g weiße Bohnenkerne*
8 g E, 5 g F, 23 g KH	*250 g Wasser*
728 kJ / 174 kcal	*Salz*
D: 1 BE	*80 g geschälte, gewürfelte Tomaten*
CH: ½ EW, ½ FW, 2 BW	*10 g Butter oder Margarine*
	20 g feingehackte Zwiebeln
	½ TL Tomatenmark
	Salz, Pfeffer, Majoran

Bohnenkerne über Nacht einweichen. In 250 g Salzwasser im Dampftopf 30 Minuten kochen. Zwiebeln und Tomatenwürfel in Butter oder Margarine dünsten, mit Tomatenmark, Salz, Pfeffer und Majoran würzen und die Bohnenkerne untermischen. Alles 5—10 Minuten ziehen lassen und servieren.

Brotauflauf süß

1 Portion:	*50 g Graubrot oder Halbweißbrot*
13 g E, 14 g F, 30 g KH	*100 g Milch*
1322 kJ/316 kcal	*1 Ei*
D: 2½ BE	*flüssiger Süßstoff*
CH: 1 EW, 1½ FW, 3 BW	*abgeriebene Schale von ¼ Zitrone*
	5 g Butterflöckchen

Brot in dünne Scheiben schneiden und in eine kleine gefettete Auflaufform geben. Milch, Ei, Süßstoff und Zitronenschale verrühren, über das Brot gießen und ein paar Minuten ziehen lassen. Butterflöckchen über allem verteilen und den Auflauf im vorgeheizten Backofen 20—25 Minuten backen.

Variante:
Zusätzlich Früchte miteinschichten. (KH anrechnen!)

Brotauflauf gesalzen

1 Portion:	*50 g Graubrot oder Halbweißbrot*
29 g E, 20 g F, 31 g KH	*50 g Bratenfleisch-, Schinken- oder Wurstwürfelchen*
1845 kJ/441 kcal	*100 g Milch*
D: 2½ BE	*1 Ei*
CH: 3 EW, 2 FW*, 3 BW	*Pfeffer*
	etwas Streuwürze
	3 dünne Scheibchen Halbfettkäse

Brot in dünne Scheiben schneiden und mit den Fleischwürfeln in einer kleinen gefetteten Auflaufform verteilen. Milch, Ei, Pfeffer und Streuwürze verquirlen und in die Auflaufform gießen. Alles ein paar Minuten ziehen lassen und dann mit den Käsescheiben belegen. Den Auflauf im vorgeheizten Ofen 20—25 Minuten backen.

Eierrösti

1 Portion:	
18 g E, 21 g F, 33 g KH	
1728 kJ/386 kcal	
D: 2¾ BE	
CH: 1½ EW, 2 FW*,	
3 BW	

60 g Graubrot, nicht zu frisch
2 Eier
1 EL Milch (20 g)
2 EL Wasser
wenig Salz
Paprikapulver
10 g Butter

Brot in dünne Scheiben schneiden. Eier, Milch, Wasser, Salz und Paprikapulver miteinander verquirlen. Butter in einer Pfanne erhitzen und die Brotscheiben auf kleiner Flamme langsam rösten. Die Eimasse darübergießen und unter mehrmaligem Wenden anbraten.

Variante:
1 TL gehackte Zwiebeln *vor* dem Brot in der Butter bräunen.

Käseauflauf mit Brot
Ramequin

1 Portion:	
34 g E, 30 g F, 32 g KH	
2368 kJ/566 kcal	
D: 2¾ BE	
CH: 3½ EW, 3 FW*,	
3 BW	

50 g Graubrot ohne Rinde
50 g Tilsiter oder Greyerzerkäse, in Scheiben (nach Belieben 2 Tomaten, ebenfalls in Scheiben)
2 Eier
100 g Milch
100 g Wasser
etwas Streuwürze
Paprikapulver, Muskat, Salz

Brot in dünne Scheiben schneiden und abwechselnd mit dem Käse in eine gebutterte Auflaufform schichten. Eventuell Tomatenscheiben dazwischenlegen. Eier mit Milch, Wasser, Streuwürze, Paprikapulver, Muskat und Salz verquirlen und über das Brot gießen. Den Auflauf einige Minuten ziehen lassen und anschließend bei mittlerer Hitze im Rohr goldgelb backen.

Hirsotto

(2 Portionen)

Pro Portion:
7 g E, 6 g F, 21 g KH
736 kJ / 176 kcal
D: 1½ BE
CH: ¾ EW, ½ FW, 2 BW

1 TL Öl
1 TL gehackte Zwiebeln
1 EL feingeriebener Sellerie
1 EL feingeriebene Karotte
60 g Hirse
100 g geschälte, gewürfelte Tomaten
150 g Gemüsebouillon
1 TL gehackte Petersilie
20 g geriebener Parmesan

Zwiebeln in Öl dünsten. Sellerie, Karotte und Hirse hinzugeben und einige Zeit mitköcheln lassen. Tomatenwürfel und Bouillon beifügen und auf kleiner Flamme etwa 30 Minuten kochen, bis die Hirse weich ist. Hin und wieder umrühren und zum Schluß Petersilie und Parmesan untermischen.

Die Masse kann auch für Hirseschnitten verwendet werden. Dazu die gekochte Masse auf einen angefeuchteten Teller streichen, nach dem Erkalten in Schnitten schneiden und ausbacken.

Pilzschnitten

1 Portion:	*150—200 g Champignons oder andere Pilze*
8 g E, 9 g F, 29 g KH	*30 g feingeschnittene Zwiebeln*
1150 kJ/275 kcal	*10 g Butter oder Margarine*
D: 1⅔ BE	*50 g Weißwein*
CH: ½ EW, 1 FW, 2 BW	*einige Tropfen Zitronensaft*
+ ½ GW	*1 EL gehackte Petersilie*
	1 TL Basilikum
	40 g dunkles Toastbrot (1 Scheibe, oder 30 g Weißbrot)
	1 Tomatenschnitz
	Petersilie

Pilze gründlich waschen und fein schneiden. Zwiebeln in Butter oder Margarine glasig dünsten; Pilze, Weißwein, Zitronensaft, Petersilie und Basilikum hinzugeben, und alles bei schwacher Hitze 15—20 Minuten kochen lassen. Toast in einer Pfanne mit etwas Butter rösten und auf einen vorgewärmten Teller legen, die Pilze darübergeben, und das Ganze mit einem Tomatenschnitz und Petersiliensträußchen garnieren.

Vollreis

(2 Portionen)

1 Portion:	*52 g Vollreis*
2 g E, 3 g F, 20 g KH	*5 g Öl*
502 kJ/120 kcal	*10 g gehackte Zwiebeln*
D: 1½ BE	*110 g Wasser oder Bouillon*
CH: 2 BW	

Reis waschen und abtropfen lassen. Inzwischen Zwiebeln in Öl glasig dünsten, den Reis dazugeben und gut mit den Zwiebeln vermischen. Wasser oder Bouillon aufgießen und im Dampftopf 20 Minuten kochen. In einem normalen Topf muß der Reis in der *dreifachen* Menge Flüssigkeit etwa 45 Minuten kochen. Nach Belieben frische Kräuter hacken und daruntermischen.

Tomatenreis:
Etwas Tomatenmark und/oder Tomatenwürfelchen (ohne Haut) mitkochen.

Reissalat

1 Portion:
3 g E, 6 g F, 22 g KH
636 kJ / 152 kcal
D: $1\frac{3}{4}$ BE
CH: $\frac{1}{2}$ FW, 2 BW

80 g gekochter Vollreis (26 g Rohgewicht)
1 EL feingewürfelte Paprikaschote (roh oder gekocht)
1 EL gewürfeltes Tomatenfleisch
1 EL blättriggeschnittene, gedünstete Champignons
Schnittlauch
gehackter Estragon
Salz
Senf, Essig
1 TL Sonnenblumenöl

Reis, Paprika, Tomaten und Champignons mischen. Schnittlauch, Estragon, Salz, Senf, Essig und Sonnenblumenöl zu einer Marinade verrühren, über den Reis gießen und untermischen. Den Salat einige Zeit durchziehen lassen.

Maisschnitten/Grießschnitten

1 Portion:
6 g E, 10 g F, 20 g KH
837 kJ/200 kcal
D: 1½ BE
CH: 1 FW, 2 BW

100 g Wasser
10 g Kaffeesahne
26 g Maisgrieß oder Weizenvollgrieß
½ EL Reibkäse
Salz
Muskat nach Belieben
5 g Butter oder Öl

Wasser und Kaffeesahne zum Kochen bringen, Mais- oder Weizengrieß einstreuen und so lange unter ständigem Rühren kochen, bis die Masse dick geworden ist. Käse untermischen und das Ganze mit Salz und Muskat würzen. Die Masse auf einen angefeuchteten Teller streichen (etwa 1 cm dick) und kühl stellen. Danach in Schnitten schneiden und in Butter oder Öl von beiden Seiten langsam ausbacken.

Spätzle aus dunklem Mehl

(Ergibt 8 Portionen à 2 BE oder 10 Portionen à 2 BW)

Insgesamt:
50 g E, 17 g F, 195 g KH
5050 kJ/1208 kcal

280 g dunkles Mehl
2 Eier
Salz
180 g Wasser
Butter oder Margarine

Mehl, Eier, Wasser und Salz zu einem Teig verrühren und so lange schlagen, bis er Blasen wirft. 3—4 l Wasser zum Kochen bringen. Teig durch einen Spätzlehobel ins sprudelnd kochende Wasser geben. (Man kann die Spätzle auch von einem Holzbrett schaben.) Wenn die Spätzle im Wasser aufsteigen, mit einem Schaumlöffel herausnehmen und mit kaltem Wasser abschrecken. Gut abtropfen lassen und in 8 bzw. 10 Portionen aufteilen. Die benötigten Portionen in je 5 g Butter oder Margarine leicht anbraten. (Die restlichen Spätzle einfrieren.)

Polenta

1 Portion:	*200 g Wasser oder Bouillon*
6 g E, 3 g F, 19 g KH	*Salz*
577 kJ / 138 kcal	*26 g Rapid-Mais*
D: 1½ BE	*10 g geriebener Parmesankäse*
CH: 2 BW	

Salzwasser oder Bouillon zum Kochen bringen, Mais einstreuen und unter Rühren auf kleiner Flamme 2 Minuten köcheln lassen. Zum Schluß Parmesan untermischen.

Grieß- oder Haferflockenbrei

1 Portion:	*200 g Milch*
9 g E, 8 g F, 29 g KH	*100 g Wasser*
970 kJ / 232 kcal	*26 g Grieß (oder 30 g Haferflocken)*
D: 2½ BE	*1 Msp Salz*
CH: 2 BW + 1 MW	*flüssiger Süßstoff*
	Zitronenschale

Milch und Wasser zum Kochen bringen und Grieß oder Haferflocken einstreuen. Den Brei auf kleiner Flamme 10 Minuten köcheln lassen. Etwas Salz, Süßstoff und eventuell abgeriebene Zitronenschale untermischen.

Milchreis

1 Portion:	*26 g Rundkornreis*
9 g E, 8 g F, 29 g KH	*100 g Wasser*
970 kJ/232 kcal	*1 Msp Salz*
D: 2½ BE	*200 g Milch*
CH: 2 BW + 1 MW	*etwas abgeriebene Zitronenschale*

Reis waschen und in 100 g kaltem Salzwasser aufsetzen, auf kleiner Flamme halb gar kochen. Milch und eventuell abgeriebene Zitronenschale hinzufügen und weiterkochen, bis der Reis weich ist. Die Gesamtkochzeit beträgt etwa 30 Minuten.

Nudeln mit Ei

1 Portion:	*5 g Butter oder Margarine*
17 g E, 17 g F, 21 g KH	*80 g gekochte Vollkornnudeln (sie können vom Vortag sein)*
1347 kJ/322 kcal	*1—2 Eier*
D: 1¾ BE	*5 g Kaffeesahne*
CH: 1½ EW, 1½ FW, 2 BW	*Salz*

Butter oder Margarine in einer Pfanne erhitzen und Vollkornnudeln darin erwärmen. Eier, Kaffeesahne und Salz miteinander verquirlen. Das Ganze über die Nudeln gießen und stocken lassen, eventuell etwas anbraten.

Gemüsegerichte

Gefüllte Kohlrouladen

(2 Portionen)

Pro Portion:	
27 g E, 13 g F, 10 g KH	
1263 kJ / 278 kcal	
D: ohne anrechenb. KH	
CH: 2½ EW, 1 FW, 1 GW	

1 kleiner Wirsing oder Weißkraut
(ca. 400 g)
200 g Hackfleisch mager
1 Ei
½ gehackte Zwiebel
gehackte Petersilie
Salz, Pfeffer, Muskat
5 g Öl
etwas klare Bratensauce und Bouillon

Wirsing oder Kraut etwa 10 Minuten in Salzwasser kochen, herausnehmen, abtropfen lassen und die Blätter ablösen. 4 große Blätter auf einem Brett auslegen, die Blattrippen flach schneiden. 4 kleinere Blätter auf die großen legen. Den restlichen Kohl fein hacken. Hackfleisch mit Ei, Zwiebeln und Petersilie mischen und mit Salz, Pfeffer und Muskat würzen. Das Ganze gut durchkneten und zum Schluß den gehackten Kohl untermischen. Den Fleischteig auf die Kohlblätter verteilen, die Blätter seitlich zusammenschlagen und zu Rouladen zusammenrollen. Öl in einer Kasserolle erhitzen, die Rouladen nebeneinander hineinsetzen und scharf anbraten. Bratensauce und Bouillon hinzugeben, so daß die Rouladen mit Flüssigkeit bedeckt sind. Das Ganze zugedeckt in etwa 45 Minuten gar werden lassen.

Ratatouille

(4 Portionen)

Pro Portion:
4 g E, 3 g F, 16 g KH
552 kJ / 132 kcal
D: ohne anrechenb. KH
CH: 1 GW

1 Knoblauchzehe
1 EL Öl
2 mittlere gehackte Zwiebeln
250 g Paprikaschoten-Streifen
250 g Zucchiniwürfel
250 g gewürfelte Auberginen
1/8—1/4 l Weißwein oder Bouillon
Salz, Streuwürze, Pfeffer, Paprikapulver, Rosmarin, Oregano, Thymian
250 g geschälte, gewürfelte Tomaten

Einen Topf mit Knoblauch ausreiben, Öl darin erhitzen. Zwiebeln und Paprikastreifen andünsten. Zucchini- und Auberginenwürfel dazugeben. Weißwein oder Bouillon angießen und mit Salz, Pfeffer, Streuwürze, Paprikapulver, Rosmarin, Oregano und Thymian würzen und bei mäßiger Hitze 25—30 Minuten garen. Zum Schluß die Tomatenwürfel untermischen und noch etwa 2 Minuten mitkochen. Das Gemüse soll nicht zerfallen und recht pikant abgeschmeckt sein.

Rosenkohl

1 Portion:	*5 g Butter oder Margarine*
6 g E, 5 g F, 11 g KH	*gehackte Zwiebeln*
485 kJ / 116 kcal	*140 g Rosenkohl geputzt*
D: ohne anrechenb. KH	*½ Tasse Wasser oder Bouillon*
CH: ½ FW, 1 GW	*Salz, Streuwürze, Pfeffer*

Butter oder Margarine erhitzen und Zwiebeln darin glasig dünsten. Rosenkohl hinzugeben und kurz mitdämpfen. Wasser oder Bouillon darübergießen und je nach Geschmack Salz, Streuwürze und Pfeffer beigeben. Den Rosenkohl zugedeckt 20 Minuten garen.

Blattspinat

(4 Portionen)

Pro Portion:	*800 g Spinat*
5 g E, 5 g F, 9 g KH	*20 g Butter*
426 kJ / 102 kcal	*1 gehackte Zwiebel*
D: ohne anrechenb. KH	*Salz, Muskat*
CH: ½ FW, 1 GW	*wenig Bouillon*

Spinat waschen, putzen und blanchieren (siehe Seite 47). Zwiebel in der erhitzten Butter dünsten, den blanchierten Spinat dazugeben und mit Salz und Muskat würzen. Etwas Bouillon angießen und den Spinat garen.

Variante:
Unter den fertigen Spinat 1 EL Pinienkerne oder frische, gehackte Pfefferminzblätter geben.

Gourmetgemüse

1 Portion:	*50 g Bohnen, 2 cm lang geschnitten*
4 g E, 5 g F, 11 g KH	*30 g gewürfelte Karotten*
451 kJ / 108 kcal	*50 g Blumenkohlröschen*
D: ¼ BE	*1 TL feingehackte Zwiebeln*
CH: ½ FW, 1 GW	*5 g Butter*
	30 g Dosenerbsen
	20 g Pfifferlinge (Dose)
	Salz, Liebstöckel
	gehackte Petersilie

Bohnen, Karotten und Blumenkohl in *wenig* Wasser weich kochen. Die Zwiebeln in der Butter glasig dünsten, das Gemüse, die Pilze und die Erbsen dazugeben. Alles erwärmen und mit Liebstöckel, Petersilie und Salz abschmecken.

Rotkraut

1 Portion:	*10 g Speckwürfel*
4 g E, 7 g F, 16 g KH	*¼ Zwiebel*
636 kJ / 151 kcal	*200—250 g feingehobeltes Rotkraut*
D: ⅓ BE	*45 g Apfel, fein geschnitten*
CH: ½ FW, 1 GW, ½ OW	*1—2 EL Essig*
	etwas Rotwein
	1 Lorbeerblatt
	1 Nelke
	Salz, Streuwürze

Die Speckwürfel glasig braten, Zwiebel, Rotkraut und Apfel hinzufügen und andämpfen. Essig und etwas Rotwein angießen, Lorbeer, Nelke, Salz und Streuwürze untermischen und etwa 1 Stunde garen.

Sauerkrautauflauf

1 Portion:	*1 gute Portion gekochtes Sauerkraut*
15 g E, 15 g F, 27 g KH	*40 g gekochte Fleischwürfel*
1376 kJ / 329 kcal	*100 g (kaltes) Kartoffelpüree*
D: 1⅔ BE	*etwas Reibkäse*
CH: 1 EW, 1½ FW, 2 BW	*Butterflöckchen*
+ ½ GW	

Sauerkraut in einer eingefetteten Auflaufform verteilen, Fleischwürfel darüberstreuen und Kartoffelpüree darauf verstreichen. Über das Ganze Käse und Butterflöckchen verteilen. Den Auflauf im vorgeheizten Rohr goldgelb backen.

Tomaten provençales

Eignet sich als Zusatz zu	*größere Tomaten*
Gemüseplatten, braucht	*Salz, Pfeffer*
nicht angerechnet zu	*feingehackte Zwiebel*
werden.	*etwas zerdrückter Knoblauch*
	Provençale-Kräutermischung
	(Thymian, Estragon, Petersilie)
	wenig Reibkäse

Die Tomaten waschen, halbieren (horizontal) und mit Salz und Pfeffer abschmecken. Die Zwiebel und den Knoblauch in wenig Öl leicht rösten, die Kräutermischung dazugeben. Auf jede Tomate 1 Teelöffel der Masse geben, etwas Käse daraufstreuen und die Tomaten in einer gefetteten, feuerfesten Form im Backofen weich dämpfen.

Gefüllte Tomaten

1 Portion:	*2 größere Tomaten*
26 g E, 11 g F, 10 g KH	*80 g mageres Hackfleisch*
1111 kJ/265 kcal	*½ Ei*
D: ohne anrechenb. KH	*Salz, Pfeffer, Thymian, Majoran*
CH: 2 EW, 1 FW, 1 GW	*gehackte Petersilie*
	1 TL geriebene Zwiebeln
	10 g Reibkäse
	½ TL Weizenkleie
	etwas Bouillon

Die Tomaten waschen, Deckel abschneiden und vorsichtig aushöhlen.
Das Fleisch mit den restlichen Zutaten (bis auf die Bouillon) und dem ausgehöhlten Tomatenfleisch vermischen und in die Tomaten füllen. Die Tomaten in eine eingefettete Auflaufform setzen, etwas Bouillon angießen und bei mittlerer Hitze im Rohr 30 Minuten garen.

Aubergine nach Mittelmeerart

1 Portion:	*150 g in Scheiben geschnittene*
17 g E, 16 g F, 11 g KH	*Aubergine*
1094 kJ/261 kcal	*100 g in Scheiben geschnittene*
D: ohne anrechenb. KH	*Tomate*
CH: 1½ EW, 1½ FW*,	*Paprikapulver, Salz, Pfeffer*
1 GW	*50 g Bouillon*
	50 g Emmentalerkäse (in Scheiben)

Auberginen- und Tomatenscheiben abwechselnd schuppenförmig in einer eingefetteten Auflaufform verteilen und mit Paprika, Salz und Pfeffer würzen. Bouillon angießen und das Gemüse im Backofen 20 Minuten weich dämpfen. Zum Schluß Emmentaler über das Gemüse legen und bei starker Oberhitze bräunen.

Blumenkohlauflauf mit Reis

1 Portion:
22 g E, 16 g F, 29 g KH
1522 kJ / 364 kcal
D: $1\frac{2}{3}$ BE
CH: $1\frac{1}{2}$ EW, $1\frac{1}{2}$ FW,
2 BW, $\frac{3}{4}$ GW

60 g gekochter Vollreis (20 g roh)
gehackte Petersilie
200—250 g nicht zu weich gekochter Blumenkohl
1 Ei
100 g Milch
Salz, Pfeffer, Paprikapulver, Muskat
20 g Reibkäse

Reis in eine eingefettete Auflaufform geben, Petersilie darüberstreuen und den Blumenkohl darauf verteilen. Ei und Milch verquirlen und mit Salz, Pfeffer, Paprika und Muskat würzen. Die Eimasse über den Auflauf gießen und Käse darüberstreuen. Das Ganze im vorgeheizten Rohr etwa 30 Minuten backen.

Variante:
Statt Blumenkohl eignen sich auch Zucchini, Blattspinat oder Brokkoli.

Spinatpudding

1 Portion:	*150—200 g gekochter, gehackter*
22 g E, 14 g F, 9 g KH	*Spinat*
1117 kJ/267 kcal	*Salz, Muskat, Pfeffer*
D: ohne anrechenb. KH	*2 Eier*
CH: 1 EW, 1½ FW*,	*1 EL geriebener Parmesankäse*
1 GW	*Tomatenschnitze*

Spinat mit Salz, Pfeffer und Muskat würzen. 1 Ei und Parmesan untermischen und das Ganze in eine eingefettete Auflaufform füllen. Im Wasserbad zugedeckt 45 Minuten leicht kochen lassen. Inzwischen 1 Ei hart kochen und in Scheiben schneiden. Den fertigen Pudding mit den Eischeiben und Tomatenschnitzen garnieren.

Gedünsteter Chicorée

1 Portion:	*150—200 g Chicorée*
6 g E, 8 g F, 5 g KH	*5 g Öl*
476 kJ/114 kcal	*10 g Zitronensaft*
D: ohne anrechenb. KH	*Salz, Streuwürze*
CH: ½ FW, ½ GW	*etwas Wasser oder Bouillon*
	gehackte Petersilie
	10 g geriebener Käse

Chicorée waschen, schneiden und vom Blattansatz befreien. Öl in eine Kasserolle gießen und Chicorée darin verteilen (große Stauden halbieren). Zitronensaft, Salz und Streuwürze darübergeben. Wasser und Bouillon angießen, so daß der Chicorée knapp bedeckt ist. Zugedeckt weich dünsten und kurz vor dem Servieren Petersilie und geriebenen Käse darüberstreuen.

Tomaten concassées

1 Portion:	*2—3 geschälte, gewürfelte Tomaten*
1 g E, 5 g F, 5 g KH	*5 g Sonnenblumenöl*
309 kJ/74 kcal	*etwas gehackte Zwiebeln*
D: ohne anrechenb. KH	*Salz, Pfeffer, Thymian, Rosmarin*
CH: ½ FW, ½ GW	*1 TL gehackte Petersilie*

Die Zwiebeln in Öl glasig dünsten, die Tomaten hinzugeben und mit Salz, Pfeffer, Thymian und Rosmarin würzen. 5—10 Minuten garen, zum Schluß Petersilie darüberstreuen.
Eignet sich zu Teigwaren und Reis oder als Beilage zu Fleisch oder Fisch.

Champignons gedünstet

1 Portion:	*150—200 g frische Champignons*
4 g E, 4 g F, 5 g KH	*5 g Butter*
368 kJ/88 kcal	*½ TL feingehackte Zwiebeln*
D: ohne anrechenb. KH	*2 EL Wasser*
CH: ½ FW, ½ GW	*1 EL Weißwein*
	etwas Zitronensaft
	Thymian, Majoran, Salz
	1 TL gehackte Petersilie

Champignons waschen, putzen und in Scheiben schneiden. Zwiebeln in Butter andünsten. Wasser, Weißwein, Zitronensaft, Thymian, Majoran und Salz hinzufügen und einmal aufkochen lassen. Champignons untermischen und zugedeckt 15 Minuten garen. Die Flüssigkeit soll ziemlich einkochen. Zum Schluß noch einmal abschmecken und die Petersilie daruntermischen.

Fenchel gedünstet

1 Portion:	*110 g Fenchelknolle*
4 g E, 7 g F, 10 g KH	*5 g Butter*
560 kJ / 134 kcal	*etwas Wasser*
D: ohne anrechenb. KH	*Salz, Streuwürze*
CH: ½ FW, 1 GW	*einige Tropfen Zitronensaft*
	10 g geriebener Käse

Den Fenchel waschen, putzen und der Länge nach halbieren. Die Butter in einem Topf erhitzen und den Fenchel hineingeben, Wasser angießen und das Ganze mit Streuwürze, Salz und Zitronensaft würzen und zugedeckt weich dünsten. Vor dem Servieren den geriebenen Käse darüberstreuen.

Dillgurken gedünstet

Insgesamt:	*1—2 dicke Gartengurken*
5 g F, 0 BE	*5 g Öl oder Butter*
	1 TL gehackte Zwiebeln
	Salz
	etwas Bouillon oder Wasser
	frischer gehackter Dill

Gurken schälen, halbieren und mit einem Löffel von den Kernen befreien. Das Gurkenfleisch in Würfel schneiden. Zwiebeln in Butter oder Öl glasig dünsten und Gurkenwürfel hinzugeben; einige Zeit mitdünsten und anschließend Salz, Bouillon oder Wasser hinzufügen und die Gurken zugedeckt 25 Minuten garen. Zum Schluß gehackten Dill untermischen.

Gemüse-Kartoffel-Eintopf

1 Portion:
6 g E, 7 g F, 30 g KH
899 kJ / 214 kcal
D: 1⅔ BE
CH: ½ FW, 2 BW + 1 GW

je 30 g Karotten, Sellerie, Lauch, Weißkraut
30 g Kohlrabi oder Weiße Rüben
20 g Paprikaschoten
10 g Speckwürfel
10 g gehackte Zwiebeln
Salz, Streuwürze, Basilikum
100 g Bouillon
100 g Kartoffelwürfel
gehackte Petersilie

Das ganze Gemüse in Würfel schneiden. Speck in einer Pfanne zerlassen und die Zwiebeln darin glasig dünsten. Das Gemüse hinzugeben, andämpfen und Streuwürze, Basilikum, Salz und Bouillon beifügen. Alles zugedeckt kochen lassen. Wenn das Gemüse etwa ¾ gar ist, Kartoffeln untermischen und das Ganze noch 15 Minuten schmoren. Zum Schluß Petersilie darüberstreuen.

Desserts

Creme (Grundrezept)

(4 Portionen)

Pro Portion:
6 g E, 9 g F, 9 g KH
643 kJ / 163 kcal
D: $\frac{3}{4}$ BE
CH: $\frac{1}{2}$ EW, 1 FW, $\frac{1}{2}$ BW + $\frac{1}{2}$ MW

400 g Milch
20 g Stärkemehl
2 Eigelb
1 Vanillestange oder 1 EL Kakaopulver oder löslicher Kaffee
flüssiger Süßstoff
4 Blatt eingeweichte Gelatine (6 g)
40 g geschlagener Halbrahm (25 %)

50 g Milch, Eigelb und Stärkemehl kalt verrühren. Die restliche Milch mit der aufgeschlitzten Vanillestange (oder Kakao- bzw. Kaffeepulver) zum Kochen bringen, das angerührte Stärkemehl langsam untermischen und alles 2—3 Minuten aufkochen. Die Creme vom Feuer nehmen und mit Süßstoff süßen. Die eingeweichte Gelatine in der warmen Creme auflösen und alles erkalten lassen. Rahm unter die Creme ziehen und auf 4 Dessertschälchen verteilen.

Variante:
Für *Marmorcreme* einen Teil Vanille- und einen Teil Schokoladencreme kochen, dann miteinander leicht verrühren, so daß ein Marmormuster entsteht.

Mandelcreme
Blanc-manger

(4 Portionen)

Pro Portion:	*100 g geschälte, geriebene Mandeln*
11 g E, 20 g F, 9 g KH	*400 g Milch*
1112 kJ/266 kcal	*8 Blatt eingeweichte Gelatine (12 g)*
D: ¾ BE	*flüssiger Süßstoff*
CH: 1 EW, 2 FW*, 9 g KH	*40 g geschlagener Halbrahm (25 %)*

Die Milch mit den geriebenen Mandeln 2—3 Minuten aufkochen und gut miteinander verrühren. Gelatine in der Milch auflösen, mit Süßstoff süßen. Masse erkalten lassen und den Rahm unterziehen. Die Creme in 4 Puddingförmchen füllen, fest werden lassen und stürzen.

Apfel-Meringue
Pomme meringuée

1 Portion:	*90 g Apfel*
2 g E, 13 g KH	*wenig Wasser*
256 kJ/61 kcal	*flüssiger Süßstoff*
D: 1 BE	*Zitronensaft*
CH: 1 OW	*1 TL rote Diabetiker-Konfitüre*
	½ Eiweiß

Die Äpfel schälen, halbieren und vom Kerngehäuse befreien. Wasser mit Süßstoff und Zitronensaft aufkochen und die Äpfel mit der Schnittfläche nach unten hineinsetzen und unter gelegentlichem Wenden weich kochen. Äpfel herausnehmen und mit der Schnittfläche nach oben in eine Auflaufform geben. Die Gehäusehöhlung mit Konfitüre füllen. Eiweiß sehr steif schlagen, in den Spritzsack füllen und die Äpfel damit spiralenförmig verzieren. Das Ganze im vorgeheizten Backofen bei 250°C auf der obersten Schiene 4 Minuten überbacken. Sofort servieren.

Quarkauflauf

1 Portion:	*150 g Milch*
16 g E, 12 g F, 32 g KH	*30 g Wasser*
1430 kJ/342 kcal	*30 g Vollkorngrieß*
D: 2½ BE	*1 Eigelb*
CH: 1½ EW, 1 FW, 2 BW	*1½ TL Süßpulver*
+ 1 MW	*1 Msp Salz*
	½ Zitronenschale, fein abgerieben
	60 g Speisequark
	1 Eiweiß

Milch mit Wasser zum Kochen bringen. Vollkorngrieß einstreuen, unter Rühren zu einer dicken Masse kochen, vom Feuer nehmen. Eigelb und Süßpulver schaumig schlagen und mit Salz, Zitronenschale und Quark unter die Grießmasse mischen. Eiweiß sehr steif schlagen und unter den Brei ziehen. Die Masse in eine gebutterte Auflaufform füllen und bei 200°C etwa 30 Minuten goldgelb backen.

Variante:
Die Menge von 1 BE/1 OW entsteinte Kirschen oder Aprikosen auf den Boden der Form legen und die Masse darübergeben.

Fruchtjoghurt I

1 Portion:
9 g E, 4 g F, 21 g KH
656 kJ/157 kcal
D: 1¾ BE
CH: 1 EW, 1½ OW + ½ MW

100 g Joghurt nature
30 g Speisequark
einige Tropfen Zitronensaft
einige Tropfen Süßstoff
50 g Apfel, in Scheibchen
40 g Kiwi, in Scheibchen
60 g Himbeeren

Joghurt mit Quark, Zitronensaft und Süßstoff glattrühren. Obst untermischen und mit einer Himbeere garnieren.

Fruchtjoghurt II

1 Portion:
8 g E, 21 g KH
510 kJ / 122 kcal
D: 1¾ BE
CH: 1 EW, 1 OW + 1 MW

90 g Apfel
einige Tropfen Zitronensaft
1 Msp Weizenkleie
1 Becher Diätfrüchtejoghurt (180 g)
2 EL Rhabarber, gekocht

Den Apfel waschen, mit der Schale reiben und mit den restlichen Zutaten vermischen.

Fruchtsalat im Orangenkörbchen

(4 Portionen)

Pro Portion:
10 g KH, 192 kJ / 46 kcal
D: ¾ BE
CH: 1 OW

85 g Orangenfleisch
60 g geschälte Banane
80 g geschälter Apfel oder Kiwi
50 g Orangensaft
evtl. etwas Zitronensaft
flüssiger Süßstoff
etwas Kirschwasser nach Belieben

4 große Orangen mit einem scharfen Messer in Körbchenform (mit Henkel) schneiden. Mit einem spitzen Messer das Fruchtfleisch herauslösen, den Körbchenrand eventuell im Zickzack-Muster einschneiden. Das Obst in kleine Würfel schneiden und vermischen, mit Orangen- und Zitronensaft sowie Süßstoff abschmecken und eventuell 1 Schuß Kirschwasser hinzufügen. Den Fruchtsalat einige Zeit ziehen lassen und zum Servieren in die Orangenkörbchen füllen.

Apfelküchlein

(2 Portionen)

Pro Portion:	
4 g E, 13 g F, 11 g KH	
824 kJ / 197 kcal	
D: 1 BE	
CH: 1¼ FW, 1 OW	

135 g mürbe Äpfel
einige Tropfen Zitronensaft
etwas Kirschwasser
etwas flüssiger Süßstoff
7 g Mehl
1 kleines Eigelb
½ EL Milch
1 Msp Salz
1 Eiweiß
20 g Öl
Zimt
sehr wenig Süßpulver

Die Äpfel schälen, mit dem Apfelausstecher vom Gehäuse befreien und in ½ cm dicke Scheiben schneiden. Zitronensaft, Kirschwasser und flüssigen Süßstoff vermischen und die Apfelscheiben darin marinieren.
Mehl, Eigelb, 1 Msp Salz und Milch zu einem glatten Teig verrühren. Eiweiß steif schlagen und unter den Teig heben. Die Apfelscheiben darin wenden und in Öl bei mittlerer Hitze goldgelb ausbacken und anschließend auf Küchenkrepp abtropfen lassen. Zum Schluß werden die Apfelküchlein mit Zimt und wenig Süßpulver bestreut.

Orangengelee

1 Portion:
3 g E, 10 g KH
234 kJ / 56 kcal
D: ¾ BE
CH: 1 OW

2 Blatt Gelatine (3 g)
90 g frischgepreßter Orangensaft
einige Tropfen Zitronensaft
flüssiger Süßstoff nach Geschmack
1 TL geschlagene Sahne
1 Stückchen Orange

Gelatine in kaltem Wasser einweichen. Orangen- und Zitronensaft mit flüssigem Süßstoff mischen. Die Gelatine aus dem Wasser nehmen und im heißen Wasserbad auflösen. Den Orangensaft unter ständigem Rühren hinzugeben. Die Masse in ein Förmchen füllen und kalt stellen. Nach dem Erkalten das Förmchen kurz in heißes Wasser tauchen, damit man das Gelee besser stürzen kann. Vor dem Servieren mit einem Sahnetupfer und einem Orangenschnitz garnieren.

Birne mit Schokolade

(2 Portionen)

Pro Portion:
2 g E, 7 g F, 16 g KH
552 kJ / 132 kcal
D: 1 BE
CH: ½ FW, 1½ OW

1 Birne (160 g)
Saft von ½ Zitrone
flüssiger Süßstoff
30 g dunkle feingehackte Diabetikerschokolade
10 g Kaffeesahne (2½ TL)
einige Mandelsplitter

Birne schälen, halbieren, vom Gehäuse befreien und in etwa 300 g Wasser, dem Zitronensaft und einigen Tropfen Süßstoff weich kochen. Die Birnenhälften mit der

Schnittfläche nach unten auf zwei Dessertteller legen. Die Schokolade mit 1 EL heißem Wasser in eine Tasse geben, im Wasserbad erhitzen und glatt rühren. Kaffeesahne unter die Schokolade mischen und über die Birnenhälften verteilen. Mit Mandelsplittern garnieren.

Mokka-Quarkcreme

1 Portion:	*80 g Speisequark*
11 g E, 3 g KH	*⅓ TL lösliches Kaffeepulver*
259 kJ/62 kcal	*1 Msp Kakao*
D: 0 BE	*flüssiger Süßstoff nach Geschmack*
CH: 1 EW	

Kaffeepulver in 1 TL heißem Wasser auflösen und mit den restlichen Zutaten zu einer glatten Creme verrühren.

Aprikosencreme

(3 Portionen)

Pro Portion:	*240 g entsteinte Aprikosen*
1 g E, 2 g F, 10 g KH	*flüssiger Süßstoff nach Geschmack*
251 kJ/60 kcal	*einige Tropfen Zitronensaft*
D: ¾ BE	*1 Blatt Gelatine*
CH: 1 OW	*30 g Kaffeesahne (15 % Fett)*

Aprikosen in wenig Wasser weich kochen, anschließend pürieren und mit Zitronensaft und Süßstoff mischen. Gelatine in kaltem Wasser einweichen und danach in der noch heißen Aprikosencreme auflösen. Das Ganze kalt stellen. Vor dem Servieren die Kaffeesahne unterrühren.

Gefüllter Apfel

1 Portion:	*1 Apfel von 90 g (mürbe Sorte)*
1 g E, 5 g F, 11 g KH	*1 TL geriebene Nüsse*
460 kJ / 110 kcal	*wenig Süßpulver*
D: 1 BE	*etwas Sahne*
CH: ½ FW, 1 OW	*etwas Weißwein*

Apfel waschen und mit dem Apfelausstecher vom Gehäuse befreien. Die Schale spiralförmig einritzen. Nüsse, Süßpulver und Sahne miteinander verrühren und in den Apfel füllen. Weißwein in eine Auflaufform geben und den Apfel darin im Backofen weich schmoren.

Apfelsaft-Rum-Creme

(2 Portionen)

Pro Portion:	*2½ Blatt Gelatine (4 g)*
5 g E, 7 g F, 11 g KH	*1 Eigelb*
619 kJ / 148 kcal	*2 TL Süßpulver*
D: 1 BE	*160 g Apfelsaft naturrein (nicht zu kalt)*
CH: ½ FW, 1 OW	*20 g Zitronensaft*
	20 g Rum
	1 Eiweiß
	30 g Sahne (25 % Fett)

Die Gelatine in kaltem Wasser einweichen. Eigelb und Süßpulver schaumig schlagen und nach und nach unter ständigem Rühren zuerst den Apfelsaft, dann Rum und Zitronensaft hinzugeben. 2 EL der Masse in eine Tasse geben und im Wasserbad erhitzen; die Gelatine darin auflösen und unter die Apfel-Rum-Creme mischen. Kalt stellen, bis die Masse beginnt, leicht fest zu werden. Eiweiß und Sahne getrennt steif schlagen und unter die noch rührfähige Creme ziehen. Alles in 2 Gläser füllen und noch einmal kalt stellen.

Apfelrösti mit Vanillesauce

1 Portion:
7 g E, 15 g F, 40 g KH
1489 kJ/356 kcal
D: 3⅓ BE
CH: ½ EW, 1½ FW,
40 g KH

40 g Graubrot
10 g Butter oder Sonnenblumenöl
120 g mürbe Äpfel mit Schale
30 g Weißwein
1 Msp Zimt
3 Tropfen flüssiger Süßstoff
einige Tropfen Zitronensaft

Für die Vanillesauce:
70 g Milch
3 g Stärkemehl
2 Tropfen flüssiger Süßstoff
1 Msp Vanillemark
½ Eigelb

Graubrot in Scheibchen schneiden, langsam in Butter oder Sonnenblumenöl goldgelb rösten und warm stellen. Äpfel in dünne Scheiben schneiden und in Weißwein, Zitronensaft, Zimt und Süßstoff 3—4 Minuten weich dünsten. Brot und Äpfel in Schichten anrichten.
Für die Vanillesauce Milch, Stärkemehl, 2 Tropfen Süßstoff und Vanillemark etwa 2 Minuten unter ständigem Rühren aufkochen lassen. Eigelb verkleppern und die heiße Vanillesauce darübergießen. Die Sauce gut durchrühren und kurz vor dem Servieren über die Apfelrösti gießen.

Birchermüsli

(1—2 Portionen)

Insgesamt:
6 g E, 8 g F, 32 g KH
941 kJ/225 kcal
D: 2½ BE
CH: ½ EW, ½ FW, 2½ OW + ½ MW

100 g Joghurt (oder 60 g Joghurt und 40 g Milch)
einige Tropfen Zitronensaft
flüssiger Süßstoff
1 TL Weizenkleie
90 g Apfel mit Schale
70 g Erdbeeren (oder 60 g Himbeeren)
45 g Orangenwürfelchen
25 g Bananenscheibchen
1 TL gemahlene Haselnüsse

Joghurt, Zitronensaft, Süßstoff und Weizenkleie miteinander verrühren. Apfel mit der Raffel reiben und zusammen mit Erdbeeren, Orangenwürfeln, Bananenscheiben sowie Haselnüssen unter den Joghurt mischen.
Können mehr Kohlenhydrate verzehrt werden, kann man Haferflocken untermischen.
Je nach Saison können die Früchte beliebig variiert werden.

Vanilleflan mit Himbeerkompott

(5 Portionen)

Pro Portion:
4 g E, 4 g F, 10 g KH
392 kJ/93 kcal
D: ¾ BE
CH: ½ OW + ½ MW

500 g Milch
½ Beutel Diätflanpulver, künstlich gesüßt, KH-frei
310 g Himbeeren
künstlicher Süßstoff

Milch und Diätflanpulver unter ständigem Rühren 2—3 Minuten kochen. In 5 Förmchen füllen und erkalten lassen. Himbeeren mit Süßstoff süßen und in etwa 50 g Wasser einmal aufkochen, sofort vom Feuer nehmen und erkalten lassen. Die Vanilleflans auf Dessertteller stürzen und mit dem Himbeerkompott garnieren.
Manche Flanpulver werden mit Wasser zubereitet. Aufdruck beachten!

Grießpudding

(2 Portionen)

Pro Portion:
8 g E, 7 g F, 10 g KH
546 kJ / 130 kcal
D: ¾ BE
CH: 1 EW, ½ FW, ½ BW + ½ MW

200 g Milch
100 g Wasser
1 Msp Salz
13 g Grieß
1 Eigelb
etwas flüssiger Süßstoff
etwas abgeriebene Zitronenschale
3 g Gelatine
1 Eiweiß

Milch und Wasser mit etwas Salz zum Kochen bringen. Grieß einstreuen und unter Rühren etwa 10 Minuten kochen. Die Hitze reduzieren, daß der Brei nicht mehr kocht und Eigelb, Süßstoff und abgeriebene Zitronenschale untermischen. Gelatine einweichen und in der heißen Grießmasse auflösen. Eiweiß steif schlagen und unter den Grießpudding ziehen. Das Ganze in 2 mit kaltem Wasser ausgespülte Förmchen füllen und kalt stellen. Vor dem Servieren auf Dessertteller stürzen und eventuell mit 2 roten Fruchtstückchen garnieren.

Bavarois rubané

Dreifarbige gestürzte Creme

(5 Portionen)

Pro Portion:
5 g E, 4 g F, 11 g KH
447 kJ / 106 kcal
D: 1 BE
CH: ½ FW, ½ BW + ½ MW

Für das Gelee:
100 g abgezupfte rote Johannisbeeren oder Himbeeren
70 g Wasser
flüssiger Süßstoff
3 g Gelatine (2 Blatt) aufgelöst (siehe Seite 46)

Für die Creme:
500 g Milch
20 g Stärkemehl
1 Msp Salz
1 TL flüssiger Süßstoff
½ fein abgeriebene Zitronenschale
6 g Gelatine (4 Blatt)
10 g Kakaopulver

Johannisbeeren in 70 g Wasser 2 Minuten kochen; die Beeren durch ein Sieb drücken und mit Süßstoff abschmecken. Die aufgelöste Gelatine untermischen und in 5 gläserne Puddingförmchen etwa ¾ cm hoch füllen. Kalt stellen, bis das Gelee steif ist.
Für die Creme 50 g Milch und das Stärkemehl kalt verrühren. 450 g Milch zum Kochen bringen und das angerührte Stärkemehl einfließen lassen. Alles 2—3 Minuten kochen. Inzwischen die Gelatine einweichen. Salz, Süßstoff und abgeriebene Zitronenschale zur Milch mischen und die Gelatine in der heißen Masse auflösen. Die Hälfte der Masse auf das steife Fruchtgelee in die Förmchen gießen und wieder kalt stellen. Über die zweite Hälfte

der Creme Kakaopulver sieben und verrühren. Nach Bedarf noch etwas Süßstoff hinzufügen. Diese Schokoladencreme in die 5 Förmchen füllen, wenn die weiße Creme etwas steif geworden ist. Die dreifarbige Creme gut kühlen. Zum Stürzen die Förmchen kurz in heißes Wasser tauchen.

Fruchtsalat I

1 Portion:	*20 g Orangensaft*
1 g E, 10 g KH	*einige Tropfen Zitronensaft*
191 kJ/46 kcal	*flüssiger Süßstoff nach Geschmack*
D: ¾ BE	*20 g Kompottsaft ohne Zucker*
CH: 1 OW	*30 g Pfirsichscheiben*
	20 g Aprikosenscheiben
	20 g Birnenscheiben

Alle Zutaten mischen und einige Zeit ziehen lassen.

Fruchtsalat II

1 Portion:	*½ TL Zitronensaft*
1 g E, 10 g KH	*½ TL flüssiger Süßstoff*
191 kJ/46 kcal	*1 TL Kirsch*
D: ¾ BE	*25 g Apfelscheibchen*
CH: 1 OW	*25 g entsteinte Sauerkirschen*
	30 g frische Ananas
	1 Walnuß

Alle Zutaten mischen und einige Zeit ziehen lassen. Salat mit einer Walnuß garnieren.

Ambrosiacreme mit Himbeeren

1 Portion:	*1,5 g Gelatine (1 Blatt)*
6 g E, 5 g F, 10 g KH	*70 g Joghurt nature*
560 kJ / 134 kcal	*50 g Milch*
D: ¾ BE	*einige Tropfen Rote-Rüben-Saft*
CH: ½ EW, ½ OW +	*3 TL Weißwein (15 g)*
½ MW	*etwas Vanillemark*
	1 gestrichener TL Süßpulver
	1½ TL Zitronensaft
	einige Tropfen Kirschwasser
	50 g Himbeeren

Gelatine einweichen. Joghurt und Milch vermischen und mit einigen Tropfen Rote-Rüben-Saft rosa färben. Weißwein, Vanillemark, Süßpulver, Zitronensaft und Kirschwasser untermischen. 2 EL der Mischung in eine Tasse geben, im Wasserbad erhitzen und die Gelatine darin auflösen. Die aufgelöste Gelatine mit der Masse verrühren. Himbeeren in ein Glasschälchen geben, die Masse darüber verteilen und kalt stellen.

Schokoladepudding

(4 Portionen)

Pro Portion:	*3 g Gelatine (2 Blatt)*
5 g E, 6 g F, 10 g KH	*400 g Milch*
508 kJ / 121 kcal	*20 g Stärkemehl*
D: ¾ BE	*12 g Kakao*
CH: ½ FW, ½ BW +	*2 TL Süßpulver*
½ MW	*30 g Halbrahm (25 %)*

Die Gelatine einweichen. Milch, Stärkemehl, Kakao und Süßpulver kalt verrühren, dann unter ständigem Rühren mit dem Schneebesen zum Kochen bringen, 2 Minuten kochen lassen, vom Feuer nehmen und die Gelatine in der heißen Masse auflösen. Das Ganze kalt stellen und von Zeit zu Zeit durchrühren. Die Sahne steif schlagen und, sobald die Masse beginnt fest zu werden, vorsichtig unterziehen. Die Creme in 4 Puddingförmchen füllen und kalt stellen. Zum Stürzen die Förmchen kurz in heißes Wasser tauchen.

Vanille-Eis

(2 Portionen)

Pro Portion:	*200 g Milch*
7 g E, 12 g F, 5 g KH	*Vanillemark von 1/4 Vanillestange*
675 kJ / 161 kcal	*flüssiger Süßstoff*
D: 1/3 BE	*1 Ei*
CH: 1 FW, 1/2 MW	*30 g süße Sahne*

Milch mit Vanillemark aufkochen und mit Süßstoff süßen. Ei verkleppern und unter die heiße Flüssigkeit rühren. Alles erkalten lassen. Sahne steif schlagen und unter die erkaltete Mischung ziehen. Die Masse im Tiefkühlfach gefrieren. Das Eis wird cremig, wenn es während der Gefrierzeit mehrmals mit dem Rührbesen durchgeschlagen wird.

Haselnuß-Eis

(2 Portionen)

Pro Portion:
9 g E, 21 g F, 7 g KH
1255 kJ / 300 kcal
D: ½ BE
CH: 2 FW, ½ MW

Zubereiten wie Vanille-Eis, anstelle Vanillemark 30 g geriebene, eventuell geröstete Haselnüsse nehmen.

Erdbeer-/Himbeer-Eis

(2 Portionen)

Pro Portion:
7 g E, 12 g F, 11 g KH
798 kJ / 190 kcal
D: 1 BE
CH: 1 FW, ½ OW +
½ MW

Zubereiten wie Vanille-Eis, zusammen mit der Sahne entweder 160 g gemixte Erdbeeren oder 150 g gemixte Himbeeren unter die Eismasse ziehen.

Joghurt-Eis

(2 Portionen)

Pro Portion:	
4 g E, 19 g F, 5 g KH	*90 g süße Sahne*
882 kJ / 211 kcal	*160 g Joghurt nature*
D: ⅓ BE	*flüssiger Süßstoff*
CH: 2 FW, ½ MW	*2 TL Kirschwasser*

Süße Sahne steif schlagen und Joghurt, Kirschwasser und Süßstoff unterziehen. Die Masse im Tiefkühlfach gefrieren lassen.

Zabaione I

Weinschaumcreme

(1—2 Portionen)

Insgesamt:	
12 g E, 12 g F, 0 g KH	*2 Blatt Gelatine*
995 kJ / 238 kcal	*100 g naturreiner Weißwein*
D: 0 BE	*1 Ei*
CH: 0	*1 Eigelb*
	2 TL Zitronensaft
	flüssiger Süßstoff

Gelatine in kaltem Wasser einweichen. Weißwein, Eigelb, Ei, Zitronensaft und Süßstoff in einem Chromstahltopf unter ständigem Schlagen erhitzen, bis eine dichte, schaumige Masse entsteht. Die Gelatine ausdrücken und mit der Creme verrühren, bis sie sich aufgelöst hat. Die Masse vom Feuer nehmen und kalt schlagen. Die Zabaione in Schälchen füllen und kühl stellen.

Zabaione II

(2 Portionen)

Pro Portion:	
5 g E, 9 g F, 2 g KH	*200 g naturreiner Weißwein*
799 kJ / 191 kcal	*3 Eigelb*
D: 0 BE	*3 TL flüssiger Süßstoff*
CH: 1 FW*, ¼ BW	*2 TL Zitronensaft*
	5 g Stärkemehl

Alle Zutaten in einem Chromstahltopf verrühren und unter dauerndem Schlagen auf kleinem Feuer langsam erhitzen, bis die Masse schaumig ist. Vom Feuer nehmen, in Schälchen anrichten und warm servieren.

Falsche Zabaione

Anstelle von Wein das Rezept mit einem kohlenhydratfreien Tafelgetränk herstellen.

Weißwein-Früchtegelee mit Vanillesauce

(4 Portionen)

Pro Portion:
6 g E, 8 g F, 10 g KH
803 kJ / 192 kcal
D: ¾ BE
CH: ¾ FW, 1 OW

8 Blatt Gelatine (12 g)
300 g Weißwein
150 g Orangensaft
wenig Zitronensaft
flüssiger Süßstoff
160 g Himbeeren oder 170 g Erdbeeren
40 g süße Sahne

Für die Vanillesauce:
200 g Milch
1 Eigelb
flüssiger Süßstoff
etwas Vanillemark
10 g süße Sahne

Die Gelatine einweichen. Weißwein, Orangen- und Zitronensaft leicht erwärmen und die Gelatine in der Flüssigkeit auflösen. Das Ganze mit Süßstoff süßen. Einige Himbeeren oder Erdbeeren in 4 Gläser verteilen und mit einem Drittel des Weingelees übergießen. Das Gelee etwas steif werden lassen und wieder Früchte darüber verteilen, die mit Weingelee übergossen werden. Den Vorgang noch einmal wiederholen und das Gelee kühl stellen. Inzwischen die Vanillesauce herstellen. Alle Zutaten unter ständigem Rühren zum Kochen bringen. Die Sauce vom Feuer nehmen, durchsieben und kaltrühren. Zum Schluß 40 g Sahne steif schlagen und das Weißwein-Früchte-Gelee damit garnieren. Die Vanillesauce separat servieren.

Crêpe Suzette

(4 Portionen)

Pro Portion:
5 g E, 13 g F, 16 g KH
944 kJ/225 kcal
D: 1⅓ BE
CH: 1¼ FW, 16 g KH

40 g Mehl
100 g Milch
1 Ei
flüssiger Süßstoff
1 Msp Salz
70 g Diabetiker-Konfitüre, künstlich gesüßt
30 g Butter
etwas feingehackte Orangenschale
100 g Orangensaft
1 TL Kirschwasser
1—2 EL Cognac
30 g Mandelsplitter

Mehl, Milch, Ei, flüssigen Süßstoff und 1 Msp Salz zu einem Omeletteteig verrühren und zu 8 kleinen dünnen Pfannkuchen ausbacken. Alle Pfannkuchen mit Konfitüre bestreichen, zusammenlegen und warm stellen. Butter in einer Flambierpfanne erhitzen. Orangenschale, Orangensaft, Kirschwasser und einige Tropfen Süßstoff hinzugeben und mit erwärmen. Die Pfannkuchen in den Fond geben und durchziehen lassen. Zum Schluß Cognac darübergießen und anzünden. Die flambierten Pfannkuchen mit Mandeln überstreuen und warm servieren.

Bäckereien

Mailänderli

Buttergebäck

Insgesamt:	*50 g Butter*
17 g E, 48 g F, 78 g KH	*4—5 g Süßpulver*
3592 kJ/856 kcal	*1 Ei (oder 2 Eigelb)*
D: 24 g Gebäck = 1 BE	*1 Msp Salz*
CH: 20 g Gebäck =	*¼ abgeriebene Zitronenschale*
1 BW, ½ FW	*100 g Mehl*

Die Butter geschmeidig rühren. Ei, Salz und Zitronenschale hinzugeben und schaumig schlagen. Mehl untermischen und alles gut durchkneten. Den Teig kalt stellen. Den Teig 3—4 mm dick ausrollen, verschiedene Förmchen ausstechen, auf ein mit Backfolie ausgelegtes Blech setzen, mit Eigelb bestreichen und im vorgeheizten Backofen bei ca. 200°C 10 Minuten backen.

Vom selben Teig können auch Vanillebrezel oder Schwarzweißgebäck hergestellt werden.

Vanillebrezel

Mailänderli-Teig (siehe vorhergehendes Rezept)

Den Mailänderli-Teig bleistiftdick ausrollen, ca. 15 cm lange Stücke schneiden und zu Brezeln formen. Goldgelb backen, vom Blech nehmen und noch heiß mit Vanilleglasur bepinseln.

Vanilleglasur

½ Eiweiß
3 g Süßpulver
wenig Zitronensaft
1 Msp Vanillemark

Alle Zutaten glattrühren und warmes Gebäck damit glasieren.

Schwarzweiß-Gebäck

Mailänderli-Teig (siehe Rezept oben)
5 g Kakaopulver

Unter die Hälfte des Mailänderli-Teiges das Kakaopulver mischen. Den hellen und den dunklen Teig zusammen zu Schnecken, Schachbrett- oder anderen Formen verarbeiten.

Fruchtmakronen

Insgesamt:	*2 Eiweiß*
43 g E, 109 g F, 60 g KH	*7 g Süßpulver*
6045 kJ / 1445 kcal	*90 g geriebenen Apfel*
D: 66 g Gebäck = 1 BE	*wenig abgeriebene Zitronen- und Orangenschale*
CH: 55 g Gebäck = 10 g KH, 1½ FW	*wenig Ingwerpulver*
	200 g geriebene Mandeln oder Haselnüsse
	50 g Diabetiker-Konfitüre

Eiweiß sehr steif schlagen und nach und nach Süßpulver hinzugeben. Geriebenen Apfel, abgeriebene Orangen- und Zitronenschale sowie Ingwerpulver unterziehen. Mandeln oder Haselnüsse hinzugeben und mit dem Eischnee vermischen. Mit 2 Teelöffeln Häufchen formen und auf ein mit Backfolie belegtes Blech setzen. In die Mitte der Makronen eine Vertiefung eindrücken und Konfitüre hineingeben. Das Ganze bei 180—200°C im vorgeheizten Backofen backen.

Bretzeli

Insgesamt:	*250 g Mehl*
35 g E, 121 g F, 188 g KH	*125 g Pflanzenmargarine*
8698 kJ / 2079 kcal	*50 g Rahm*
D: 38 g Gebäck = 1 BE	*1 Ei*
CH: 32 g Gebäck =	*flüssiger Süßstoff*
10 g KH, ¾ FW	*etwas Kirsch*

Alle Zutaten kräftig zu einem Teig verkneten und etwa 30 Minuten kühl stellen. Danach kleine Kugeln formen und im Bretzeleisen backen.

Brunsli

Insgesamt:	*100 g geriebene Mandeln*
36 g E, 89 g F, 60 g KH	*10 g Kakaopulver*
5053 kJ / 1203 kcal	*10 g Süßpulver*
D: 40 g Gebäck = 1 BE	*1 Msp Zimt*
CH: 34 g Gebäck =	*1 Msp Nelkenpulver*
10 g KH, 15 g F	*2 Eiweiß*
	80 g Diabetiker-Schokolade
	1 EL Kirschwasser

Mandeln, Kakaopulver, Süßpulver, Zimt und Nelkenpulver in eine Schüssel geben und vermischen. Eiweiß steif schlagen und darunterziehen. Schokolade schmelzen und zusammen mit dem Kirschwasser mit der Masse verrühren. Teig 30 Minuten kalt stellen und etwa 5 mm dick ausrollen. Plätzchen ausstechen und auf ein mit Backfolie ausgelegtes Blech setzen. Einige Stunden trocknen lassen und im vorgeheizten Backofen etwa 5 Minuten backen.

Kokosmakronen

Insgesamt:	*2 Eiweiß*
9 g E, 18 g F, 13 g KH	*9 g Süßpulver*
1096 kJ / 262 kcal	*50 g Kokosflocken*
D: 78 g Gebäck = 1 BE	*½ abgeriebene Zitronenschale*
CH: 65 g Gebäck =	*½ TL Kirschwasser*
10 g KH, 1½ FW	*etwas Zitronensaft*

Eiweiß sehr steif schlagen und nach und nach Süßpulver untermischen. Kokosflocken, abgeriebene Zitronenschale, Kirschwasser und Zitronensaft mit der Masse verrühren. Mit 2 Teelöffeln Häufchen formen und auf ein mit Backfolie ausgelegtes Blech setzen. Die Makronen im vorgeheizten Backofen bei 175°C 15—20 Minuten backen.

Zimtsterne

Insgesamt:
30 g E, 68 g F, 29 g KH
3689 kJ / 878 kcal
D: 72 g Gebäck = 1 BE
CH: 60 g Gebäck =
10 g KH, 3 FW

2 Eiweiß
10 g Süßpulver
125 g geriebene Mandeln
1 Msp Nelkenpulver
2 Msp Zimt
½ abgeriebene Zitronenschale
1 EL Kirschwasser oder Zitronensaft

Für die Glasur:
30 g Sorbit
1 TL Kirschwasser oder Zitronensaft
½ Eiweiß

Eiweiß steif schlagen und nach und nach Süßpulver beimischen. Mandeln, Nelkenpulver, Zimt, abgeriebene Zitronenschale und Kirschwasser oder Zitronensaft hinzugeben und alles gut vermischen. Den Teig 30 Minuten kalt stellen und dann zwischen zwei Backfolien etwa 5 mm dick ausrollen. Sternchen ausstechen und auf ein mit Backfolie belegtes Blech setzen. Etwa 15 Minuten im vorgeheizten Backofen bei schwacher Hitze (120—140°C) trocknen lassen. Inzwischen die Glasur herstellen. Alle Zutaten glattrühren, die noch warmen Sterne damit glasieren und trocknen lassen.

Rumringe

Insgesamt:	
22 g E, 65 g F, 76 g KH	
4581 kJ / 1095 kcal	
D: 34 g Gebäck = 1 BE	
CH: 28 g Gebäck =	
10 g KH, ¾ FW	

50 g Butter oder Margarine
4 g Süßpulver
1 Ei
1 Msp Salz
¼ abgeriebene Zitronenschale
1½ EL Rum
30 g geriebene Mandeln
90 g Mehl
1 EL Milch (15 g)
etwas Eigelb

Butter oder Margarine mit Süßpulver schaumig rühren. Ei, Salz, abgeriebene Zitronenschale, Rum, Mandeln, Mehl und Milch hinzugeben und alles zu einer glatten Masse verrühren, dann in einen Spritzsack füllen. Ringe auf ein mit Backfolie belegtes Blech spritzen. Die Ringe mit Eigelb bestreichen und im vorgeheizten Backofen bei 200°C etwa 15 Minuten backen.

Grahambiskuits

Insgesamt:	
57 g E, 160 g F, 173 g KH	
10133 kJ / 2422 kcal	
D: 27 g Gebäck = 1 BE	
CH: 23 g Gebäck =	
10 g KH, 1 FW	

80 g geriebene Mandeln
100 g weiche Butter oder Sonnenblumenmargarine
7 g Süßpulver
1 kleine Prise Salz
½ TL Zimt
30 g Milch
1 Ei
220 g Grahammehl
etwas Eigelb zum Bestreichen

Alle Zutaten zu einem Teig verkneten und 2 Stunden kalt stellen. Danach den Teig zwischen zwei Backfolien 3—4 mm dick ausrollen. Mit einem Messer rautenförmige Plätzchen ausschneiden und auf ein eingefettetes Blech setzen. Plätzchen mit verquirltem Eigelb bepinseln und bei 200°C 15—18 Minuten backen.

Schokoladehappen

Insgesamt:
16 g E, 25 g F, 28 g KH
1770 kJ/423 kcal
D: 60 g Gebäck = 1 BE
CH: 50 g Gebäck =
10 g KH, 1 FW

2 Eigelb
1 TL Süßpulver
1½ Eiweiß
25 g Mehl

Für die Buttercreme:
50 g Butter
15 g feingeriebene Diabetiker-Schokolade (dunkel)
3 g Süßpulver
½ TL lösliches Kaffeepulver
½ TL Sahne

Eigelb mit Süßpulver schaumig rühren. Eiweiß steif schlagen und unterziehen. Mehl übersieben und vorsichtig vermischen. Die Masse in einen Spritzsack füllen und etwa 3 cm große flache Plätzchen auf ein mit Backfolie belegtes Blech spritzen. Im vorgeheizten Backofen bei 200°C in etwa 8 Minuten goldgelb backen. Die Plätzchen gleich vom Blech nehmen und auskühlen lassen. Inzwischen die Buttercreme herstellen. Butter in einer Schüssel schaumig rühren, die restlichen Zutaten hinzugeben und alles gut vermischen. Die Hälfte der ausgekühlten Plätzchen mit der Buttercreme füllen und die anderen als Deckel daraufsetzen. Die Plätzchen eventuell mit etwas Süßpulver bestäuben.

Haselnußstangen

Insgesamt:
21 g E, 73 g F, 57 g KH
4204 kJ / 1005 kcal
D: 37 g Gebäck = 1 BE
CH: 31 g Gebäck =
10 g KH, 1 FW

30 g weiche Butter oder Margarine
½ Ei
2½ g Süßpulver
abgeriebene Zitronenschale
etwas Zimt
1 Msp Salz
65 g geriebene Haselnüsse
60 g Mehl
¼ TL Backpulver
25 g Milch
½ Eigelb zum Bestreichen

Butter oder Margarine geschmeidig rühren. Ei, Süßpulver, abgeriebene Zitronenschale, Zimt und Salz hinzugeben und alles schaumig schlagen. Die Masse mit Haselnüssen, Mehl, Backpulver und Milch zu einem Teig verkneten. Den Teig 30 Minuten ruhen lassen, dann etwa 1 cm dick ausrollen und 4 cm lange und 1 cm breite Rechtecke ausschneiden. Die Plätzchen auf ein mit Backfolie belegtes Blech setzen, mit verquirltem Eigelb bestreichen und im vorgeheizten Backofen bei 200°C etwa 15 Minuten backen.

Haselnußmakronen

Insgesamt:
30 g E, 102 g F, 33 g KH
5087 kJ / 1216 kcal
D: 72 g Gebäck = 1 BE
CH: 60 g Gebäck =
10 g KH, 3 FW

2 Eiweiß
7 g Süßpulver
20 g Diabetiker-Konfitüre (Aprikosen)
150 g geriebene Haselnüsse
½ abgeriebene Zitronenschale
15 g ganze Haselnüsse

Eiweiß sehr steif schlagen und nach und nach Süßpulver untermischen. Konfitüre, geriebene Haselnüsse und abgeriebene Zitronenschale gut mit dem Eischnee vermischen. Mit 2 Teelöffeln kleine Häufchen formen und auf ein mit Backfolie ausgelegtes Blech setzen. Die ganzen Haselnüsse halbieren; alle Makronen mit je ½ Nuß garnieren und im vorgeheizten Backofen bei 180°C 15 Minuten backen.

Haferflockenplätzchen

Insgesamt:
23 g E, 62 g F, 82 g KH
4271 kJ/1021 kcal
D: 25 g Gebäck = 1 BE
CH: 21 g Gebäck =
10 g KH, ½ FW

80 g Haferflocken
40 g dunkles Mehl
1 Ei
2—3 TL Süßpulver
etwas abgeriebene Zitronenschale
etwas Vanillemark
60 g weiche Butterflocken

Haferflocken und Mehl auf ein Backbrett geben und mit den restlichen Zutaten zu einem Teig verkneten. Den Teig 1 Stunde kalt stellen und danach zwischen zwei Backfolien etwa 3 mm dick ausrollen. Runde Plätzchen ausstechen oder Dreiecke ausschneiden und auf ein mit Backfolie ausgelegtes Blech setzen. Plätzchen im vorgeheizten Backofen bei 200°C knusprig backen.

Kokos-Pralinés

Insgesamt:	
8 g E, 91 g F, 20 g KH	
4060 kJ / 967 kcal	
D + CH: ergibt	
20 Portionen à 5 g F	
und 1 g KH, 0 BE	

60 g Butter
100 g Kokosflocken
20 g Kakaopulver
2—3 TL Kirschwasser
1 Msp Zimt
Mark von ¼ Vanillestange
2 g Süßpulver

Butter schaumig rühren und mit den restlichen Zutaten gut vermischen. Aus der Masse kleine Kugeln formen, die nach Belieben noch in Kokosflocken gewälzt werden können. Die Pralinés kalt stellen.

Haselnuß-Pralinés

Insgesamt:	
24 g E, 144 g F, 52 g KH	
6891 kJ / 1647 kcal	
D + CH: ergibt	
24 Portionen à 6 g F	
und 2 g KH, 0 BE	

Zutaten wie für Kokos-Pralinés, anstelle der Kokosflocken 100 g geriebene, eventuell geröstete Haselnüsse

Für die Schokoladen-Glasur:
20 g Kakaopulver
10 g Butter
40 g Sahne
1 TL Kirsch oder Cognac
1 Msp Zimt oder Vanillemark
20 g Sorbit

Die Pralinés wie oben beschrieben zubereiten. Die Zutaten für die Glasur in einem Pfännchen auf kleinem

Feuer leicht flüssig werden lassen. Die Kügelchen mit der Schokoladen-Glasur überziehen.
Die Glasur darf zum Überziehen von Gebäck oder Pralinés nur lauwarm sein, sonst wird sie grau. Das überzogene Gebäck bzw. die Pralinés trocknen lassen.

Orangencake

Insgesamt:
30 g E, 54 g F, 130 g KH
4941 kJ / 1181 kcal
D: 10 Stücke à ca. 1 BE
CH: 12 Stücke à
11 g KH, ½ FW

50 g Butter (oder Pflanzenmargarine)
5 g Süßpulver
2 Eigelb
½ abgeriebene Zitronenschale
150 g gesiebtes Mehl
1½ TL Backpulver
2 Eiweiß
100 g Orangensaft
2 EL Zitronensaft (40 g)

Butter oder Margarine mit Süßpulver und Eigelb schaumig rühren. Abgeriebene Zitronenschale, Mehl und Backpulver gut untermischen. Eiweiß steif schlagen und unter die Masse ziehen. Den Teig in eine gut eingefettete kleine Kastenform füllen und im vorgeheizten Backofen bei 180°C 40—50 Minuten backen. Orangen- und Zitronensaft mischen. Wenn der Kuchen fertig ist, die Oberseite sofort mit einem Messer einige Male einritzen und mit dem Saft begießen. Der Saft soll in den Kuchen einziehen.

Apfelkuchen (mit Grahammehl)

Insgesamt:
50 g E, 65 g F, 124 g KH
5544 kJ / 1325 kcal
D: 10 Stücke à 1 BE
CH: 12 Stücke à
10 g KH, ½ FW

Für den Teig:
70 g Grahammehl
30 g Graumehl
40 g weiche Sonnenblumenmargarine
1 kleines Ei
1½ TL Süßpulver
1 Msp Salz
400 g Äpfel

Für den Guß:
2 Eier
100 g mageren Speisequark
abgeriebene Schale von ½ Zitrone
einige Tropfen Zitronensaft
100 g Milch
1 TL Süßpulver
10 g Butterflöckchen

Alle Zutaten bis auf die Äpfel zu einem Teig kneten. Den Teig 2 Stunden kühl stellen. Inzwischen Äpfel waschen, vom Gehäuse befreien und in feine Scheibchen schneiden. Den Teig zwischen zwei Backfolien ausrollen und in eine eingefettete Springform (20 cm Durchmesser) geben. Die Apfelscheiben auf dem Kuchenboden verteilen.
Für den Guß alle Zutaten bis auf die Butter vermischen, glattrühren und über den Äpfeln verstreichen. Butterflöckchen auf dem Kuchen verteilen. Den Apfelkuchen im vorgeheizten Backofen bei 200°C 35—40 Minuten goldgelb backen.

Kirschkuchen mit Brot

Insgesamt:	
40 g E, 52 g F, 125 g KH	
5355 kJ / 1280 kcal	
D: 10 Stücke à 1 BE	
CH: 12 Stücke à	
10 g KH, ½ FW	

110 g Graubrot
50 g Rotwein
20 g Kirschwasser
30 g Kaffeesahne
3 Eigelb
2 TL Süßpulver
50 g geriebene Mandeln
1 Msp Nelkenpulver
½ TL Zimt
½ abgeriebene Zitronenschale
5 g Backpulver
450 g Sauerkirschen (oder 410 g süße Kirschen)
3 Eiweiß

Rotwein, Kirschwasser und Kaffeesahne vermischen. Brot in feine Scheibchen schneiden und darin einweichen. Eigelb und Süßpulver schaumig schlagen und Mandeln, Nelkenpulver, Zimt, abgeriebene Zitronenschale und Backpulver untermischen. Zum Schluß das eingeweichte Brot hinzugeben. Kirschen abzupfen und entsteinen. Eiweiß steif schlagen, mit den Kirschen verrühren und unter die Masse ziehen. Eine Springform (22 cm Durchmesser) mit Backfolie auslegen, den Rand einfetten. Den Teig einfüllen und im vorgeheizten Backofen bei 180°C etwa 50 Minuten backen.

Zwetschgenkuchen mit Streusel

Insgesamt:	*180 g fertiger Mürbteig ohne Zucker (gekauft)*
21 g E, 100 g F, 125 g KH	*330 g entsteinte Zwetschgen*
6489 kJ/1551 kcal	*50 g geriebene Mandeln*
D: 10 Stücke à 1 BE	*1 TL Süßpulver*
CH: 12 Stücke à	*1 Msp Zimt*
10 g KH, 1 FW	*30 g Butterflocken*

Mürbteig zwischen zwei Backfolien ausrollen und den Boden einer mit Backfolie ausgelegten Kuchenform (20 cm Durchmesser) damit belegen. Mit der Gabel einige Male einstechen. Zwetschgen halbieren und gleichmäßig auf dem Kuchenboden verteilen. Mandeln, Süßpulver, Zimt und Butterflocken zu einem Teig verkneten und auf jede Zwetschge ein haselnußgroßes Stückchen davon setzen. Den Kuchen im vorgeheizten Backofen bei 230°C auf der untersten Schiene 35 Minuten backen.

Zwetschgenkuchen mit Guß

Insgesamt:	*100 g fertiger Mürbteig ohne Zucker (gekauft)*
16 g E, 37 g F, 80 g KH	*220 g entsteinte Zwetschgen*
3071 kJ/734 kcal	*1 EL Mandeln*
D: 6 Stücke à 1 BE	*1 Ei*
CH: 8 Stücke à	*1 TL Süßpulver*
10 g KH, ½ FW	*2 Msp Zimt*
	50 g Milch

Den Mürbteig zwischen zwei Backfolien ausrollen und eine eingefettete Kuchenform (18—20 cm Durchmesser) damit auslegen. Den Rand etwa 2 cm hochziehen. Den Kuchenboden mit der Gabel einige Male einstechen. Zwetschgen etwas einschneiden und den Boden damit belegen. Mandeln feinblättrig schneiden und über die Zwetschgen streuen. Ei, Süßpulver, Zimt und Milch gut miteinander verrühren und über den Kuchen gießen. Im vorgeheizten Backofen bei 230°C auf der untersten Schiene 35—40 Minuten backen.

Rüblitorte

Insgesamt:
74 g E, 156 g F, 123 g KH
9527 kJ / 2277 kcal
D: 10 Stücke à 1 BE
CH: 12 Stücke à
10 g KH, 1 FW

4 Eigelb
10 g Sorbit
15 g flüssiger Süßstoff
200 g gemahlene Haselnüsse
250 g feingeraffelte Karotten
Schale und Saft von ½ Zitrone
4 Eiweiß
100 g Zwieback ohne Zucker
knapp 1 TL Backpulver

Eigelb, Sorbit und Süßstoff schaumig schlagen. Haselnüsse, geraffelte Karotten, abgeriebene Schale und Saft von ½ Zitrone hinzumischen. Zwieback mit dem Wellholz zu Zwiebackmehl zerdrücken und Eiweiß steif schlagen. Eischnee und Zwiebackmehl abwechselnd vorsichtig unter die Masse ziehen. Den Teig in eine gefettete Springform (20 cm Durchmesser) füllen und im vorgeheizten Backofen bei 180°C etwa 45 Minuten backen.

Apfelkuchen

Insgesamt:
36 g E, 73 g F, 123 g KH
5694 kJ / 1361 kcal
D: 10 Stücke à 1 BE
CH: 12 Stücke à
10 g KH, ½ FW

175 g Mürbteig ohne Zucker (gekauft)
20 g gemahlene Mandeln
370 g mürbe Äpfel

Für den Guß:
2 kleine Eigelb
1 gehäufter TL Süßpulver
½ abgeriebene Zitronenschale
einige Tropfen Zitronensaft
3 g Stärkemehl
40 g mageren Speisequark
100 g Milch
2 Eiweiß

Den Mürbteig zwischen zwei Backfolien ausrollen und eine eingefettete Kuchenform (20 cm Durchmesser) damit auslegen. Gemahlene Mandeln auf den Kuchenboden streuen. Äpfel schälen, vom Gehäuse befreien und in dünne Schnitze schneiden. Den Kuchenboden damit belegen.
Für den Guß Eigelb und Süßpulver schaumig schlagen und abgeriebene Zitronenschale, Zitronensaft, Stärkemehl, Speisequark und Milch unterrühren. Eiweiß zu Schnee schlagen und vorsichtig unterziehen. Die Masse über den Äpfeln verteilen und den Kuchen im vorgeheizten Backofen bei 200°C auf der untersten Schiene goldgelb backen.

Rhabarberkuchen

Insgesamt:	
40 g E, 77 g F, 100 g KH	
5531 kJ/1322 kcal	
D: 8 Stücke à 1 BE	
CH: 10 Stücke à	
10 g KH, ¾ FW	

50 g weiche Sonnenblumen-margarine
110 g Graumehl
40 g Wasser
1 Msp Salz
20 g gemahlene Haselnüsse
350 g Rhabarber
2 Eier
170 g Milch
30 g Kaffeesahne
2 TL flüssiger Süßstoff
1 Msp Salz nach Belieben

Margarine, Mehl, Wasser und Salz mit den Händen zu einem glatten Teig verkneten, zwischen zwei Backfolien ausrollen und in eine eingefettete Kuchenform (22 cm Durchmesser) legen. Den Rand etwa 2 cm hochziehen. Gemahlene Haselnüsse darüberstreuen. Rhabarber waschen, in Würfel schneiden und darüber verteilen. Die restlichen Zutaten gut miteinander vermischen und über den Rhabarber gießen. Den Kuchen im vorgeheizten Backofen bei 200°C auf der untersten Schiene 60 Minuten backen.

Grahambrot

Insgesamt:	
66 g E, 29 g F, 336 g KH	
7857 kJ / 1878 kcal	
D: 25 g = 1 BE	
CH: 20 g = 1 BW	

500 g Grahammehl
20 g Hefe
50 g lauwarme Milch
10 g Salz
250 g lauwarmes Wasser
1 EL Öl

Grahammehl in eine große Schüssel geben und in der Mitte eine Vertiefung machen. Hefe und lauwarme Milch miteinander verrühren, bis sich die Hefe aufgelöst hat. In die Vertiefung gießen und mit wenig Mehl zu einem Vorteig vermischen. Schüssel mit einem Tuch bedecken und an einem warmen Ort gehen lassen, bis der Vorteig um das Doppelte aufgegangen ist. Salz, lauwarmes Wasser und Öl hinzugeben und alles kräftig zu einem glatten Teig verkneten, bis sich die Masse vom Schüsselrand löst. Den Teig weitere 20 Minuten an einem warmen Ort gehen lassen. Danach zu einem länglichen Laib formen und in eine leicht eingefettete Kastenform legen. Den Teig wieder 20 Minuten gehen lassen und anschließend im vorgeheizten Backofen auf der untersten Schiene bei 200°C 45 Minuten backen. Sofort nach dem Backen Brot mit etwas warmem Wasser bepinseln. (Die angegebene Teigmenge ergibt ein Brot von etwa 700 g.)

Varianten:
1 EL Kümmel, Sesamsamen, Leinsamen oder Sonnenblumenkerne dem Teig beifügen.

Quarktorte mit Sauerkirschen

Insgesamt:	
67 g E, 105 g F, 141 g KH	
7786 kJ/1861 kcal	
D: 12 Stücke à 1 BE	
CH: 14 Stücke à	
10 g KH, ¾ FW	

Für den Mürbteig:
60 g Weißmehl
50 g dunkles Mehl
70 g Sonnenblumenmargarine
1 Ei
1 Msp Vanillemark
¼ abgeriebene Zitronenschale
1 Msp Salz
1 TL Süßpulver

20 g geriebene Haselnüsse
200 g entsteinte Sauerkirschen

Für die Füllung:
100 g mageren Speisequark
100 g Rahmquark
2—3 Eigelb
5 g Süßpulver
20 g Mehl
100 g Milch
1 TL Zitronensaft
½ abgeriebene Zitronenschale
2—3 Eischnee

Weißmehl und dunkles Mehl in einer Schüssel vermischen. Margarine in Stückchen schneiden und dazugeben. Ei, Vanillemark, abgeriebene Zitronenschale, Salz und Süßpulver untermischen und alles rasch zu einem Teig kneten. 15 Minuten kühl stellen. Den Teig zwischen zwei Backfolien ausrollen und in eine eingefettete Springform (22 cm Durchmesser) legen. Den Kuchenboden mit geriebenen Haselnüssen bestreuen und die Sauerkirschen darauf verteilen.

Für die Füllung Quark, Eigelb, Süßpulver, Mehl, Milch, abgeriebene Zitronenschale und Zitronensaft gut miteinander vermischen. Eiweiß steif schlagen und vorsichtig unter die Masse heben. Das Ganze über die Sauerkirschen geben und verstreichen. Den Kuchen im vorgeheizten Backofen bei 170°C 45 Minuten backen.

Birnenkuchen mit Quarkguß

Insgesamt:
41 g E, 48 g F, 106 KH
4451 kJ/1064 kcal
D: 9 Stücke à 1 BE
CH: 10 Stücke à
10 g KH, ½ FW

125 g fertiger Mürbteig ohne Zucker (gekauft)
380 g Birnen (nicht zu hart)
3 Eier
5 g Stärkemehl
½ abgeriebene Zitronenschale
100 g Halbfettquark
2 g Süßpulver

Den Mürbteig zwischen zwei Backfolien ausrollen und eine eingefettete Kuchenform damit auslegen (18 cm Durchmesser). Birnen schälen, vom Gehäuse befreien und in Scheibchen schneiden. Diese schuppenförmig auf dem Kuchenboden anordnen. Die restlichen Zutaten mit einem Schneebesen glattrühren, über die Birnen geben und verstreichen. Den Kuchen im vorgeheizten Backofen bei 180°C 20—30 Minuten backen.

Nußtorte

Insgesamt:	
49 g E, 143 g F, 144 g KH	
9213 kJ/2202 kcal	
D: 12 Stücke à 1 BE	
CH: 14 Stücke à	
10 g KH, 1 FW	

60 g Butter
50 g Sorbit
5 g Süßpulver
3 Eigelb
120 g geriebene Haselnüsse
1 EL Milch
½ abgeriebene Zitronenschale
1 TL Zitronensaft
1 EL Cognac
50 g Weißmehl
50 g dunkles Mehl
½ Päckchen Backpulver
3 Eiweiß

Butter, Sorbit, Süßpulver und Eigelb schaumig schlagen. Haselnüsse, Milch, abgeriebene Zitronenschale, Zitronensaft und Cognac hinzugeben und alles leicht mischen. Weißmehl, dunkles Mehl und Backpulver miteinander mischen und die Hälfte davon über den Teig sieben und untermischen. Eiweiß sehr steif schlagen und zusammen mit dem restlichen Mehl locker unter die Masse ziehen. Den Teig in eine eingefettete Springform (18 cm Durchmesser) füllen und im vorgeheizten Backofen bei 180°C 45 Minuten backen. Nach dem Backen den Kuchen leicht mit Süßpulver bestäuben.

Schwarzwäldertorte

Insgesamt:
58 g E, 127 g F, 118 g KH
8694 kJ / 2078 kcal
D: 10 Stücke à 1 BE
CH: 12 Stücke à
10 g KH, 1 FW

5 Eigelb
40 g Sorbit
2 g Süßpulver
60 g geriebene Mandeln
15 g Kakaopulver
50 g Mehl
1 Msp Backpulver
30 g flüssige Butter
5 Eiweiß
50 g Kirschensaft ohne Zucker (Dose)
1 EL Kirschwasser
100 g Halbrahm (25 %)
60 g halbierte ungezuckerte Dosenkirschen
30 g Diabetiker-Schokoladenspäne

Eigelb, Sorbit und Süßpulver schaumig schlagen. Kakaopulver und Mehl darübersieben und zusammen mit Mandeln, Backpulver und flüssiger Butter in den Teig einarbeiten. Eiweiß steif schlagen und unter den Teig ziehen. Die Masse in eine mit Backfolie ausgelegte Springform (20 cm Durchmesser) füllen und im vorgeheizten Backofen bei 180°C backen. Nach dem Erkalten die Torte einmal quer durchschneiden. Kirschsaft und Kirschwasser mischen und die beiden Tortenteile damit tränken. Halbrahm sehr steif schlagen. Die untere Tortenhälfte mit 30 g Dosenkirschen und mit drei Vierteln der Rahmmenge belegen. Die andere Tortenhälfte auf den Boden setzen und das Ganze mit dem restlichen Rahm bestreichen. Schokoladenspäne darüberstreuen und die Torte mit den übrigen Kirschen verzieren.

Schwänchen
Windbeutel

Insgesamt:	*125 g Wasser*
Mit Füllung I:	*1 Msp Salz*
21 g E, 55 g F, 48 g KH	*30 g Butter*
3380 kJ/808 kcal	*60 g Mehl*
Mit Füllung II:	*1 Msp Backpulver*
38 g E, 43 g F, 51 g KH	*2 Eier*
3267 kJ/781 kcal	
D: 4 Schwänchen à 1 BE	Für die Füllung I:
CH: 1 Schwänchen I =	*75 g Halbrahm (25 %), steif*
10 g KH, 1 FW	*geschlagen*
1 Schwänchen II =	*etwas Süßpulver*
10 g KH, 3/4 EW, 3/4 FW	

Für die Füllung II:
100 g Speisequark
50 g Sahnequark
Süßpulver nach Geschmack
etwas Vanillemark

Wasser, Salz und Butter aufkochen und vom Feuer nehmen. Mehl und Backpulver miteinander vermischen und auf einmal in die Flüssigkeit schütten. Das Ganze auf kleiner Flamme so lange rühren, bis sich der Teig vom Topfrand löst. Eier verkleppern und nach und nach unter den Teig rühren. Den Teig in einen Spritzsack füllen (kleinste, glatte Tülle) und 5 Schwanenhälse in Form einer Zwei auf ein mit Backfolie belegtes Blech spritzen. Vom übrigen Teig mit 2 Teelöffeln 5 längliche Häufchen aufs Blech setzen. Bei 170°C etwa 15 Minuten backen. Nach dem Erkalten die Windbeutel quer und die obere Hälfte für die Flügel der Länge nach durchschneiden.
Für die Füllung die jeweils angegebenen Zutaten verrüh-

ren. Die Füllung auf die Böden der Windbeutel verteilen, die Flügel und Hälse aufsetzen und die Schwänchen mit Süßpulver leicht überstäuben.

Für *Windbeutel* von der Teigmasse nicht längliche, sondern runde Häufchen aufs Backblech spritzen.

Osterfladen I

Insgesamt:
51 g E, 92 g F, 195 g KH
7843 kJ / 1867 kcal
D: 16 Stücke à 1 BE
CH: 20 Stücke à 10 g KH,
½ FW (oder 10 Stücke à
20 g KH)

250 g Mürbteig ohne Zucker (gekauft)

Für die Füllung:
100 g Weißbrot
200 g Milch
2 Eier
flüssiger Süßstoff
40 g geriebene Mandeln
30 g Rosinen
½ abgeriebene Zitronenschale
etwas Vanillemark

Mürbteig zwischen zwei Backfolien ausrollen und in eine eingefettete Kuchenform (20—25 cm Durchmesser) legen. Für die Füllung Weißbrot in Milch einweichen und zerdrücken. Eier mit Süßstoff schaumig schlagen und über die Brot-Milch-Masse geben. Mandeln, abgeriebene Zitronenschale, Rosinen und Vanillemark hinzugeben und alles gut durchmischen. Die Masse auf den Kuchenboden streichen und im vorgeheizten Backofen bei 220°C etwa 30 Minuten backen.

Osterfladen II

Insgesamt:	
62 g E, 133 g F, 208 g KH	
9941 kJ / 2376 kcal	
D: 17 Stücke à 1 BE	
CH: 20 Stücke à	
10 g KH, ¾ FW (oder	
10 Stücke à 20 g KH)	

150 g Mehl
70 g Butter oder Margarine
1 Msp Salz
50 g Wasser

Für die Füllung:
400 g Milch
50 g Wasser
70 g Grieß
1 Msp Salz
flüssiger Süßstoff
3 Eigelb
30 g Butter
30 g Rosinen
30 g geriebene Mandeln
3 Eiweiß

Mehl, Butter oder Margarine, Salz und Wasser rasch zu einem glatten Teig verkneten, einige Zeit kühl stellen. Inzwischen die Füllung herstellen. Milch und Wasser zusammen zum Kochen bringen, Grieß einlaufen lassen und kochen, bis ein dicker Brei entstanden ist; etwas abkühlen lassen. Salz, Süßstoff, Eigelb, Butter, Rosinen und geriebene Mandeln unter den Brei mischen. Eiweiß steif schlagen und unter die Masse ziehen. Mit dem Kuchenteig eine eingefettete Kuchenform (20—25 cm Durchmesser) auslegen und die Füllung darauf verteilen. Den Kuchen im vorgeheizten Backofen bei 220°C etwa 30 Minuten backen.

Biskuitroulade

Insgesamt:
32 g E, 23 g F, 80 g KH
2876 kJ/685 kcal
D: 6 Stücke à 1¼ BE
CH: 8 Stücke à 10 g KH

4 Eigelb
10 g Süßpulver
etwas abgeriebene Zitronenschale
60 g Mehl
4 Eiweiß
1 Msp Salz
120 g Diabetiker-Konfitüre

Eigelb und Süßpulver schaumig schlagen. Mehl darübersieben und zusammen mit der abgeriebenen Zitronenschale untermischen. Eiweiß mit Salz steif schlagen und vorsichtig unter die Masse ziehen. Ein Kuchenblech (rechteckig) mit leicht eingefetteter Backfolie belegen und den Teig daraufstreichen. Im vorgeheizten Backofen bei 220°C etwa 10 Minuten backen. Den gebackenen Biskuitboden sofort auf ein Küchentuch stürzen, mit Konfitüre bestreichen, aufrollen und auskühlen lassen.

Biskuitroulade mit Mokkabuttercreme

Insgesamt:
36 g E, 34 g F, 55 g KH
2951 kJ/703 kcal
D: 4½ Stücke à 1 BE
CH: 6 Stücke à 9 g KH, ½ FW

Zutaten für den Teig wie im vorhergehenden Rezept

Für die Creme:
50 g weiche Butter
2 g Süßpulver
1 kleines Eigelb
1 EL lösliches Kaffeepulver

Biskuitteig wie beim vorhergehenden Rezept herstellen, backen und stürzen, abkühlen lassen. Für die Füllung

Butter und Süßpulver schaumig schlagen. Eigelb und Kaffeepulver hinzugeben und alles gut verrühren. Den gebackenen Biskuitteig mit der Masse bestreichen und aufrollen.

Marmorkuchen

Insgesamt:
37 g E, 92 g F, 125 g KH
5958 kJ / 1424 kcal
D: 10 Stücke à 1 BE
CH: 12 Stücke à
10 g KH, ¾ FW

70 g Butter oder Margarine
7 g Süßpulver
2 Eigelb
etwas Vanillemark
1 Msp Salz
70 g Graumehl
80 g Weißmehl
5 g Backpulver
100 g Milch
15 g Kakaopulver
1 TL Kirschwasser
2 Eiweiß

Butter oder Margarine mit Süßpulver schaumig schlagen, Vanillemark und Salz einrühren. Graumehl, Weißmehl und Backpulver auf die Masse sieben und zusammen mit der Milch gut untermischen. ⅓ des Teigs in eine andere Schüssel geben, Kakaopulver darübersieben und einrühren. Eiweiß steif schlagen, auf die beiden Teigmassen verteilen und vorsichtig unterziehen. Eine gut eingefettete Kastenform (18 cm Länge) abwechselnd mit hellem und dunklem Teig füllen und mit der Gabel einmal leicht der Länge nach durch den Teig ziehen. Kuchen im vorgeheizten Backofen bei 180°C 35 Minuten backen.

Hefeschnecken

Insgesamt:	
31 g E, 71 g F, 129 g KH	
5531 kJ / 1322 kcal	
D: 10 Schnecken à ca.	
1 BE	
CH: 12 Schnecken à ca.	
10 g KH, ½ FW	

Für den Hefeteig:
150 g Mehl
8 g Hefe
60 g lauwarme Milch
1 Msp Salz
2 g Süßpulver
½ Ei
30 g Butter oder Margarine

Für die Füllung:
60 g gemahlene Haselnüsse
¼ abgeriebene Zitronenschale
Zimtpulver
etwas flüssiger Süßstoff
20 g Aprikosenkonfitüre, künstlich gesüßt
20 g Halbrahm
20 g Wasser

Mehl in eine Schüssel sieben und in der Mitte eine Vertiefung eindrücken. Hefe mit lauwarmer Milch verrühren, bis sich die Hefe aufgelöst hat, und in die Vertiefung gießen. Hefe leicht mit ein wenig Mehl mischen. Die Schüssel mit einem Tuch bedecken und an einem warmen Ort gehen lassen. Danach Butter oder Margarine zergehen lassen und zusammen mit Ei, Salz und Süßpulver zum Mehl geben und alles zu einem glatten Teig verkneten. Den Hefeteig wieder mit einem Tuch bedecken und 1½ Stunden an einem warmen Ort gehen lassen.
Inzwischen die Füllung herstellen. Alle Zutaten gut miteinander verrühren. Den aufgegangenen Hefeteig zu einem Rechteck ausrollen und mit der Füllung bestrei-

chen. Den oberen Rand mit ein wenig Eiweiß bepinseln und nicht zu fest aufrollen. 12 gleichgroße Schnecken aus der Rolle schneiden und auf ein mit Backfolie belegtes Blech setzen. Die Schnecken noch einmal 15 Minuten gehen lassen, mit Eigelb bepinseln und dann im vorgeheizten Backofen bei 180°C 20 Minuten backen.

Variante: Nußhörnchen
Das ausgerollte Teig-Rechteck in 6 gleichmäßige Quadrate schneiden, die Fülle in die Mitte geben, die Ränder mit Eiweiß bestreichen, von einer Spitze her aufrollen. Halbmondförmig aufs Blech setzen, gehen lassen, mit Eigelb bestreichen und backen.
1 Stück enthält: D = 1¾ BE, CH = 2 BW.

Pizza-Brötchen

1 Portion:
15 g E, 16 g F, 23 g KH
1334 kJ/319 kcal
D: 2 BE
CH: 1½ CW, 1½ FW, 2 BW

40 g Graubrot (2 dünne Scheiben ohne Rinde)
etwas Weißwein
5 g weiche Butter
etwas Tomatenmark
einige Tomatenscheiben
2 dünngeschnittene Sardellenstreifen (15 g)
50 g Mozzarella oder anderer milder Käse in Scheiben

Brotscheiben mit Weißwein beträufeln und mit Butter sowie Tomatenmark bestreichen. Tomatenscheiben und Sardellenstreifen darauf verteilen und Käsescheiben darüberlegen. Das Ganze im vorgeheizten Backofen bei 220°C so lange backen, bis der Käse geschmolzen ist.

Pizza nach Hausfrauenart

(4 Portionen)

Insgesamt:
82 g E, 71 g F, 128 g KH
6660 kJ / 1592 kcal
D: 5 Stücke à 2 BE
CH: 4 Stücke à 30 g KH,
2 EW, 2 FW

140 g dunkles Mehl
10 g Hefe
70 g lauwarmes Wasser
20 g zerlassene Butter oder Pflanzenmargarine
2 Msp Salz
200 g geriebener Käse, halbfett
200 g geschälte Tomaten, in Scheiben geschnitten
200 g gedünstete Peperonistreifen (Paprikaschote)
40 g Schinkenwürfelchen oder Sardellenstreifen
8 Stück schwarze Oliven
10 g Oliven- oder Sonnenblumenöl
Pfeffer, Oregano, Majoran
50 g Weißwein

Mehl in eine Schüssel sieben. Hefe, lauwarmes Wasser, zerlassene Butter oder Margarine und Salz miteinander verrühren, zum Mehl geben und alles zu einem glatten Teig verarbeiten. Den Teig zugedeckt an einem warmen Ort 30 Minuten gehen lassen, danach ausrollen und auf ein eingefettetes Kuchenblech (28 cm Durchmesser) legen. Noch einmal 10—15 Minuten gehen lassen. Anschließend geriebenen Käse und lagenweise Tomatenscheiben und Peperonistreifen auf dem Pizzaboden verteilen. Schinkenwürfel oder Sardellenstreifen und Oliven darüber geben. Zum Schluß Öl, Pfeffer, Oregano, Majoran und Weißwein miteinander vermischen und über die Pizza träufeln. Die Pizza im vorgeheizten Backofen bei 300°C auf der untersten Schiene 8—10 Minuten backen.

Varianten:
Als Belag auf die Pizza eignen sich auch Artischockenherzen, Pilze, Zwiebeln, Kapern, Crevetten, Muscheln usw.

Käse-Zwiebel-Kuchen

Insgesamt:	*50 g Butter oder Pflanzenmargarine*
86 g E, 111 g F, 118 g KH	*110 g Graumehl*
7920 kJ / 1893 kcal	*40 g Wasser*
D: 5 Stücke à 2 BE	*1 Msp Salz*
CH: 4 Stücke à 30 g KH,	*20 g Magerspeckwürfelchen*
2½ FW, 2 EW	*120 g Zwiebeln*

Für den Guß:
70 g geriebener Emmentaler- oder Greyerzerkäse
70 g geriebener Halbfettkäse
15 g Mehl
2 Eier
300 g Milch
Pfeffer, Muskat, Paprikapulver, Salz

Butter oder Margarine schaumig schlagen und mit Mehl, Wasser und Salz zu einem glatten Teig verkneten. Den Teig zwischen zwei Backfolien ausrollen und in eine eingefettete Kuchenform (22 cm Durchmesser) legen. Speckwürfel anbraten. Zwiebeln in Streifen schneiden und mit den Speckwürfeln glasig dünsten. Zwiebeln und Speckwürfel auf dem Kuchenboden verteilen. Für den Guß alle Zutaten gut verrühren und über die Zwiebeln gießen. Den Kuchen im vorgeheizten Backofen bei 250°C auf der untersten Schiene etwa 30 Minuten backen.

Konfitüre

Vor- und Nachteile

- der Zuckeraustauschstoffe wie Sorbit (Sionon), Fruchtzucker, Xylit, Mannit:

  Vorteil: Sie konservieren besser als künstliche Süßstoffe

  Nachteil: Sie müssen wie Kohlenhydrate berechnet werden, also von den Obstwerten abgezogen werden

- von künstlichen Süßstoffen, Aspartam, Süßpulver (z. B. Asugro, Zucrino):

  Vorteil: Sie müssen nicht berechnet werden

  Nachteil: Sie konservieren nicht, man kann die Konfitüre (Marmelade) nur im Kühlschrank für begrenzte Zeit aufbewahren. Konfitüre auf Vorrat gekocht, kann portioniert im Tiefkühlfach aufbewahrt werden.

  Agar-Agar: Ein pflanzliches Geliermittel, das sich gut zum Andicken von Konfitüre eignet. Man braucht nur wenig davon!

Agar-Agar muß etwa 1 Minute mitgekocht werden. Pulverisiertes Agar-Agar vorher mit etwas kaltem Wasser anrühren.

Ein kleiner Eßlöffel Diabetiker-Konfitüre ist ohne Anrechnung gestattet.

Himbeerkonfitüre

Insgesamt:
24 g KH, 2 BE

300 g Himbeeren
2 gestrichene EL Süßpulver
2 kleine Msp Agar-Agar

Himbeeren und Süßpulver vermischen und zusammen 4 Minuten kochen. Agar-Agar mit ein paar Tropfen Wasser anrühren, zu den Himbeeren geben und 1 Minute mitkochen. Konfitüre in gründlich gereinigte, heiße Gläser füllen. Diese sofort verschließen und alles erkalten lassen. Konfitüre im Kühlschrank aufbewahren.

Aprikosenkonfitüre

Insgesamt:
37 g KH, 3 BE

300 g Aprikosen ohne Steine
120 g Wasser
2 gestrichene EL Süßpulver
Saft von 1/2 Zitrone
1/3 TL Agar-Agar

Aprikosen in Wasser weich kochen und pürieren. Süßpulver mit Zitronensaft untermischen und alles 4 Minuten kochen. Agar-Agar mit ein paar Tropfen Wasser anrühren und unter die Aprikosen-Masse mischen. 1 Minute mitkochen lassen. Die Konfitüre in gründlich gereinigte heiße Gläser füllen. Diese sofort verschließen und alles erkalten lassen. Konfitüre im Kühlschrank aufbewahren.

Erdbeer-Rhabarber-Konfitüre

Insgesamt:
14 g KH, 1 BE

150 g Erdbeeren
80 g Rhabarber
1 EL Süßpulver
Saft von ½ Zitrone
einige Tropfen Rote-Rüben-Saft zum Färben nach Belieben
1 kleine Msp Agar-Agar

Erdbeeren putzen und halbieren; Rhabarber würfeln, mit den Erdbeeren und dem Süßpulver mischen und 4 Minuten kochen. Zitronen- und Rote-Rüben-Saft zugeben. Agar-Agar mit ein paar Tropfen Wasser anrühren, unter das Obst mischen und 1 Minute mitkochen. Konfitüre in gründlich gereinigte heiße Gläser füllen. Diese sofort verschließen und erkalten lassen. Konfitüre im Kühlschrank aufbewahren.

Zwetschgenkonfitüre

Insgesamt:
21 g KH, 1¾ BE

150 g entsteinte Zwetschgen
70 g Wasser
½ EL Süßpulver
Saft von ½ Zitrone
einige Tropfen Rote-Rüben-Saft zum Färben nach Belieben
1 kleine Msp Agar-Agar

Zwetschgen in Wasser weich kochen und pürieren, Zitronen- und Rote-Rüben-Saft untermischen. Alles 4 Minuten kochen. Agar-Agar mit einigen Tropfen Wasser anrühren, zu den Zwetschgen geben und 1 Minute mitkochen. Konfitüre in gründlich gereinigte heiße Gläser füllen. Diese sofort verschließen und erkalten lassen. Konfitüre im Kühlschrank aufbewahren.

Rezeptregister nach Sachgruppen

SUPPEN UND VORSPEISEN

Andalusische Tomatensuppe 56
Bouillon mit Eierstich 51
- mit Goldwürfeln 50
- mit Grießklößchen 52
- mit Käseklößchen 60
Bündner Gerstensuppe 59
Champignoncremesuppe 56
Consommé royal 51
Crevetten-Cocktail 62
Eierstich 51
-, bunter 51
Fürstliche Suppe 52
Geflügelcremesuppe 58
Gemüsesuppe 55
Gerstenschleim 60
Gerstensuppe, Bündner 59
Haferschleim 61
Käseklößchen 60
Käsesoufflé 64
Kartoffelsuppe 58
Kerbelcremesuppe legiert 54
Königinsuppe 58
Melonencocktail 61
Minestrone 57
Pfannkuchensuppe 53
- ohne Mehl 53
Reisschleim 60
Schinken-Champignon-Soufflé 63
Suppe, fürstliche 52
Tomatensuppe, andalusische 56
Zwiebelsuppe, braune 54

SALATE

Bohnenkernsalat 69
Geflügelsalat 68
Gemüsesalat, gekochter 65
Griechischer Landsalat 66
Karottenrohkost mit Ananas 66
Landsalat, griechischer 66
Linsensalat 69
Quarkmayonnaise 72
Quark-Salatsauce 71
Salat Mimosa 67
Salatsauce 70
Sauerkrautsalat 67
Spinatsalat 67
Vinaigrettesauce 71
Waldorfsalat 68

FLEISCH- UND GEFLÜGEL-GERICHTE

Béchamelsauce 87
Canard à l'orange 77
Champignon-Rahmsauce 76
Curryhuhn mit Banane 85
Ente mit Orangen 77
Geschnetzeltes Hühnchen 81
Gigot 91
Gulaschsuppe 92
Hackbraten 74
Hammelkeule, gebratene 91
Hühnchen, geschnetzeltes 81
Irish stew 93
Kalbsbraten gratiniert 86
Kalbsbries in Ei gebacken 83
Kalbshaxe 88
Kaninchen Tessiner Art 84
Lammeintopf, irischer 93
Leberschnitte 78
Nieren, saure 80
Piccata 75
Rehpfeffer 90
Rindsbolognese mit Pilzen 94
Rindsgulasch 78
Roastbeef nach Gärtnerinart 79
Sauerbraten 82
Saure Nieren 80

Schinkenrollen mit Brät gefüllt 88
Schweinsmedaillons an Champignon-Rahmsauce 76
Tournedos Försterin Art 89
Truthahn, gefüllter 73
Veau gratiné 86
Zwiebelfleisch 80

FISCHGERICHTE

Dillsauce 96
Felchen in der Folie 98
Flunderfilets »Sultan« 97
Karpfen blau 95
Schollenfiletsröllchen mit Dillsauce 96

KLEINE ZWISCHENGERICHTE UND BEILAGEN

Bäckerinkartoffeln 107
Berny-Kartoffeln 104
Bircherkartoffeln 107
Bohnen, weiße, mit Tomaten concassées 110
Brotauflauf gesalzen 111
– süß 111
Buchweizen 104
Eierrösti 112
Grießbrei 117
Grießschnitten 116
Haferflockenbrei 117
Hirsotto 113
Käseauflauf mit Brot 112
Käsesalat, bunter 100
Käseschnitten 102
Kartoffelauflauf 99
Kartoffel-Gurkensalat 103
Kartoffelkrapfen, gebackene 108
Kartoffel-Kroketten 109
Kartoffelplätzchen 105
Kastanien 110
Linsen 109
Maisschnitten 116
Maroni 110
Milchreis 118
Nudeln mit Ei 118
Omelett, spanisches 101
Pfannkuchen 102
Pilzschnitten 114
Polenta 117
Pommes croquettes 109
– dauphine 108
Raclette-Kartoffeln 106
Ramequin 112
Reissalat 115
Rösti von rohen Kartoffeln 103
Savoyarde-Kartoffeln 105
Schloßkartoffeln 106
Spätzle aus dunklem Mehl 116
Spanisches Omelett 101
Tofubratlinge 100
Tomatenreis 115
Vollreis 114
Weiße Bohnen mit Tomaten concassées 110

GEMÜSEGERICHTE

Aubergine nach Mittelmeerart 124
Blattspinat 121
Blumenkohlauflauf mit Reis 125
Champignons gedünstet 127
Chicorée, gedünsteter 126
Dillgurken gedünstet 128
Fenchel gedünstet 128
Gemüse-Kartoffel-Eintopf 129
Gourmetgemüse 122
Kohlrouladen, gefüllte 119
Ratatouille 120
Rosenkohl 121
Rotkraut 122
Sauerkrautauflauf 123
Spinatpudding 126
Tomaten concassées 127
–, gefüllte 124
– provençales 123

DESSERTS

Ambrosiacreme mit Himbeeren 144

Apfel, gefüllter 138
Apfelküchlein 135
Apfel-Meringue 132
Apfelrösti mit Vanillesauce 139
Apfelsaft-Rum-Creme 138
Aprikosencreme 137
Bavarois rubané 142
Birchermüsli 140
Birne mit Schokolade 136
Blanc-manger 131
Creme (Grundrezept) 130
–, dreifarbige gestürzte 142
Crêpe Suzette 150
Dreifarbige gestürzte Creme 142
Erdbeer-Eis 146
Fruchtjoghurt 133, 134
Fruchtsalat 143
– im Orangenkörbchen 134
Grießpudding 141
Haselnuß-Eis 146
Himbeer-Eis 146
Joghurt-Eis 147
Mandelcreme 131
Marmorcreme 131
Mokka-Quarkcreme 137
Orangengelee 136
Pomme meringuée 132
Quarkauflauf 132
Schokoladepudding 144
Vanille-Eis 145
Vanilleflan mit Himbeerkompott 140
Vanillesauce 149
Weinschaumcreme 147, 148
Weißwein-Früchtegelee mit Vanillesauce 149
Zabaione 147, 148
–, falscher 148

BÄCKEREIEN

Apfelkuchen 166
– (mit Grahammehl) 162
Birnenkuchen mit Quarkguß 170
Biskuitroulade 176
– mit Mokkabuttercreme 176
Bretzeln 153
Brunsli 154
Buttergebäck 151
Fruchtmakronen 153
Grahambiskuits 156
Grahambrot 168
Haferflockenplätzchen 159
Haselnußmakronen 158
Haselnuß-Pralinés 160
Haselnußstangen 158
Hefeschnecken 178
Käse-Zwiebel-Kuchen 181
Kirschkuchen mit Brot 163
Kokosmakronen 154
Kokos-Pralinés 160
Mailänderli 151
Marmorkuchen 177
Nußhörnchen 179
Nußtorte 171
Orangencake 161
Osterfladen 174, 175
Pizza-Brötchen 179
Pizza nach Hausfrauenart 180
Quarktorte mit Sauerkirschen 169
Rhabarberkuchen 167
Rüblitorte 165
Rumringe 156
Schokoladenhappen 157
Schwänchen 173
Schwarzwäldertorte 172
Schwarzweiß-Gebäck 152
Vanillebrezel 152
Vanilleglasur 152
Windbeutel 173
Zimtsterne 155
Zwetschgenkuchen mit Guß 164
– mit Streusel 164

KONFITÜRE

Aprikosenkonfitüre 183
Erdbeer-Rhabarber-Konfitüre 184
Himbeerkonfitüre 183
Zwetschgenkonfitüre 184

Alphabetisches Rezeptregister

Ambrosiacreme mit Himbeeren 144
Andalusische Tomatensuppe 56
Apfel, gefüllter 138
Apfelküchlein 135
Apfelkuchen 166
– (mit Grahammehl) 162
Apfel-Meringue 132
Apfelrösti mit Vanillesauce 139
Apfelsaft-Rum-Creme 138
Aprikosencreme 137
Aprikosenkonfitüre 183
Aubergine nach Mittelmeerart 124

Bäckerinkartoffeln 107
Bavarois rubané 142
Béchamelsauce 87
Berny-Kartoffeln 104
Bircherkartoffeln 107
Birchermüsli 140
Birne mit Schokolade 136
Birnenkuchen mit Quarkguß 170
Biskuitroulade 176
– mit Mokkabuttercreme 176
Blanc-Manger 131
Blattspinat 121
Blumenkohlauflauf mit Reis 125
Bohnenkernsalat 69
Bohnen, weiße, mit Tomaten concassées 110
Bouillon mit Eierstich 51
– mit Goldwürfeln 50
– mit Grießklößchen 52
– mit Käseklößchen 60
Bretzeli 153
Brotauflauf gesalzen 111
– süß 111
Brunsli 154
Buchweizen 104
Bündner Gerstensuppe 59
Buttergebäck 151

Canard à l'orange 77
Champignoncremesuppe 56
Champignon-Rahmsauce 76
Champignons gedünstet 127
Chicorée, gedünsteter 126
Consommé royal 51
Creme (Grundrezept) 130
–, dreifarbige gestürzte 142
Crêpe Suzette 150
Crevetten-Cocktail 62
Curryhuhn mit Banane 85

Dillgurken gedünstet 128
Dillsauce 96
Dreifarbige gestürzte Creme 142

Eierrösti 112
Eierstich 51
–, bunter 51
Ente mit Orangen 77
Erdbeer-Eis 146
Erdbeer-Rhabarber-Konfitüre 184

Felchen in der Folie 98
Fenchel gedünstet 128
Flundernfilets »Sultan« 97
Fruchtjoghurt 133, 134
Fruchtmakronen 153
Fruchtsalat 143
– im Orangenkörbchen 134
Fürstliche Suppe 52

Geflügelcremesuppe 58
Geflügelsalat 68
Gemüse-Kartoffel-Eintopf 129
Gemüsesalat, gekochter 65
Gemüsesuppe 55
Gerstenschleim 60
Gerstensuppe, Bündner 59
Geschnetzeltes Hühnchen 81
Gigot 91
Gourmetgemüse 122

Grahambiskuits 156
Grahambrot 168
Griechischer Landsalat 66
Grießbrei 117
Grießpudding 141
Grießschnitten 116
Gulaschsuppe 92

Hackbraten 74
Haferflockenbrei 117
Haferflockenplätzchen 159
Haferschleim 61
Hammelkeule, gebratene 91
Haselnuß-Eis 146
Haselnußmakronen 158
Haselnuß-Pralinés 160
Haselnußstangen 158
Hefeschnecken 178
Himbeer-Eis 146
Himbeerkonfitüre 183
Hirsotto 113
Hühnchen, geschnetzeltes 81

Irish stew 93

Joghurt-Eis 147

Käseauflauf mit Brot 112
Käseklößchen 60
Käsesalat, bunter 100
Käseschnitte 102
Käsesoufflé 64
Käse-Zwiebel-Kuchen 181
Kalbsbraten gratiniert 86
Kalbsbries in Ei gebacken 83
Kalbshaxe 88
Kaninchen Tessiner Art 84
Karottenrohkost mit Ananas 66
Karpfen blau 95
Kartoffelauflauf 99
Kartoffel-Gurkensalat 103
Kartoffelkrapfen, gebackene 108
Kartoffel-Kroketten 109
Kartoffelplätzchen 105
Kartoffelsuppe 58
Kastanien 110
Kerbelcremesuppe legiert 54

Kirschkuchen mit Brot 163
Königinsuppe 58
Kohlrouladen, gefüllte 119
Kokosmakronen 154
Kokos-Pralinés 160

Lammeintopf, irischer 93
Landsalat, griechischer 66
Leberschnitte 78
Linsen 109
Linsensalat 69

Mailänderli 151
Maisschnitten 116
Mandelcreme 131
Marmorcreme 131
Marmorkuchen 177
Maroni 110
Melonencocktail 61
Milchreis 118
Minestrone 57
Mokka-Quarkcreme 137

Nieren, saure 80
Nudeln mit Ei 118
Nußhörnchen 179
Nußtorte 171

Omelett, spanisches 101
Orangencake 161
Orangengelee 136
Osterfladen 174, 175

Pfannkuchen 102
Pfannkuchensuppe 53
- ohne Mehl 53
Piccata 75
Pilzschnitten 114
Pizza-Brötchen 179
Pizza nach Hausfrauenart 180
Polenta 117
Pomme meringué 132
Pommes croquettes 109
- dauphine 108

Quarkauflauf 132
Quarkmayonnaise 72

Quark-Salatsauce 71
Quarktorte mit Sauerkirschen 169

Raclette-Kartoffeln 106
Ramequin 112
Ratatouille 120
Rehpfeffer 90
Reissalat 115
Reisschleim 60
Rhabarberkuchen 167
Rindsbolognese mit Pilzen 94
Rindsgulasch 78
Roastbeef nach Gärtnerinart 79
Rösti von rohen Kartoffeln 103
Rosenkohl 121
Rotkraut 122
Rüblitorte 165
Rumringe 156

Salat Mimosa 67
Salatsauce 70
Sauerbraten 82
Sauerkrautauflauf 123
Sauerkrautsalat 67
Saure Nieren 80
Savoyarde-Kartoffeln 105
Schinken-Champignon-Soufflé 63
Schinkenrollen mit Brät gefüllt 88
Schloßkartoffeln 106
Schokoladehappen 157
Schokoladepudding 144
Schollenfiletröllchen mit Dillsauce 96
Schwänchen 173
Schwarzwäldertorte 172
Schwarzweiß-Gebäck 152
Schweinsmedaillons an Champignon-Rahmsauce 76
Spätzle aus dunklem Mehl 116
Spanisches Omelett 101
Spinatpudding 126
Spinatsalat 67
Suppe, fürstliche 52

Tofubratlinge 100
Tomaten concassées 127
–, gefüllte 124
– provençales 123
Tomatenreis 115
Tomatensuppe, andalusische 56
Tournedos Försterin Art 89
Truthahn, gefüllter 73

Vanillebrezelchen 152
Vanille-Eis 145
Vanilleflan mit Himbeerkompott 140
Vanilleglasur 152
Vanillesauce 149
Veau gratiné 86
Vinaigrettesauce 71
Vollreis 114

Waldorfsalat 68
Weinschaumcreme 147, 148
Weiße Bohnen mit Tomaten concassées 110
Weißwein-Früchtegelee mit Vanillesauce 149
Windbeutel 173

Zabaione 147, 148
–, falscher 148
Zimtsterne 155
Zwetschgenkonfitüre 184
Zwetschgenkuchen mit Guß 164
– mit Streusel 164
Zwiebelfleisch 80
Zwiebelsuppe, braune 54